AF126203

Histoire des Cieux et de la Terre 1
ou Voyage dans les passés et les futurs
Premier Tome

2e édition révisée et augmentée

I

Patrick Thouvenin de Strinava

Histoire des Cieux et de la Terre 1
Premier Tome
2e édition révisée et augmentée

Avec les illustrations de
Svétoslava Prodanova-Thouvenin
de Strinava

Books on Demand

Éditeur : Books on Demand GmbH, 12/14
rond- point des Champs Élysées, 75008
Paris, France
www.bod.fr

Impression : Books on Demand GmbH,
Norderstedt, Allemagne

2e édition révisée et augmentée :
ISBN 978-2-8106-2842-1
Dépôt légal : février 2016

IV

VI

À mon épouse qui a inspiré, écrit,
les plus belles phrases de ce livre

Svetla
Patrick

Table des chapitres
Histoire des Cieux et de la Terre

Chapitre I
Chronologie globale

Table des matières
Chapitre I
Chronologie globale

Nous avons principalement utilisé pour cet ouvrage deux Bibles :

1) **La Sainte Bible avec commentaires de John MacArthur**, Société Biblique de Genève, 2006 (basée sur la **Version Segond, Nouvelle Édition de Genève 1979**). Sauf information contraire, les versets sont cités à partir de la version Segond.
Comme nous utilisons depuis peu une concordance biblique gratuite & Bible en ligne, sur Internet, qui est basée sur la version Segond 1910, il arrive que les versets affichés le soient par rapport à la version 1910. Au reste, la version 1910 est meilleure que les suivantes...

2) « **La Bible de Jérusalem** », traduction École biblique de Jérusalem — Les Éditions du Cerf, Paris, 2001 —, qui contient également d'intéressants commentaires.

Bien sûr, comme dans tout domaine de connaissances complexes, ce livre n'aurait pu être écrit sans avoir bénéficié pendant de nombreuses années du travail d'autres personnes, de connaissances rares reçues de diverses provenances, et de beaucoup de recherches, d'expérience et de choix personnels.

I – AVERTISSEMENT

ALORS QUE vous commencez votre lecture — et notre souhait est que celle-ci vous soit agréable — nous devons vous parler de la façon dont les chapitres ont été développés.

Par exemple, le chapitre « Un Monde Spirituel » est étudié exclusivement sous l'angle biblique (c'est-à-dire sur les textes de la Bible) — en effet, les pensées humaines « romancées » ou « enfantines » sur le monde des esprits sont d'un intérêt limité ; tandis que d'autres chapitres sont abordés principalement sous l'angle de la pensée et de la philosophie ; et d'autres encore le sont sous la lumière de la science (de la science honnête, bien sûr).

C'est pourquoi NOUS NE VOUDRIONS PAS que vous arrêtiez votre lecture parce que « sur un chapitre trop biblique à votre goût » (quoique... il faut quand même écouter tout un chacun, donc Dieu aussi a droit à la parole...) Ce que nous voulons c'est que vous continuiez quand même votre lecture... et certainement ne serez-vous pas déçu du voyage !

Pour ceux qui croient en un Grand Dieu, le Grand Architecte comme on dit parfois, celui de la Création de l'Univers (du big-bang), nous voudrions aussi qu'ils considèrent que nous parlons de ce Grand Dieu, au-delà des religions, et, que l'on soit du monde chrétien, ou du monde musulman, ou bouddhiste, ou shintoïste, ou animiste (car eux aussi croient en des forces positives de la Nature autour d'eux — lorsqu'elle n'est pas trop abîmée par l'homme...), s'il vous plaît, considérez que nous parlons de ce Grand Architecte, et que cette thèse que nous développons est tout à fait recevable par tous : elle ne s'adresse pas qu'aux chrétiens, mais aux hommes de valeur, aux hommes et femmes de bonne volonté, qui pensent qu'un grand dessein existe pour notre planète et ses habitants.

Dernier point : l'ensemble de « ce livre » est édité en trois tomes. C'est donc au fur et à mesure que vous allez le lire et avancer dans ce voyage, cependant que les temps qui s'annoncent ne sont pas bons. Il y a bien des dangers globaux qui nécessitent que nous regardions au-delà de notre religion, vers l'avenir de la Terre, vers le Grand Créateur, le Grand Dieu, le Dieu de compassion, le seul qui puisse vous permettre de passer à travers les grandes épreuves, les grands dangers, de ce voyage vers les futurs.

II – AVANT-PROPOS

AU COMMENCEMENT... Il y a eu un commencement, fécondé par l'espoir du Créateur et illuminé par sa présence... Il y aura une fin et un nouveau commencement... Les temps actuels présentent les signes d'une étape décisive dans le plan de Dieu. Cet ouvrage est dédié à tous ceux qui y croient, et tous ceux qui veulent en savoir plus, comme un encouragement sur la route de la vie, vers la Lumière.

III – PRÉFACE

AU COMMENCEMENT était la Parole...
La lumière luit dans les ténèbres, et
les ténèbres ne l'ont point reçue...
(Jean I, 1–5)

Aussi loin que nous puissions aller en arrière vers les origines du monde, la connaissance vraie de la Création et du salut est une question de vie ou de mort pour ceux qui la reçoivent ou refusent de la recevoir. Une question de lumière qui brille dans les ténèbres comme une lueur conductrice dans l'obscurité de la vie ici-bas. Celui qui a créé le monde par Sa parole est La Lumière qui fait s'éteindre les prétendues clartés trompeuses de notre "connaissance" défectueuse et faillible, fourvoyable même, pour faire briller Sa vérité, une vérité imprégnée d'amour et de morale.

Adhérer à cette vérité semble difficile de nos jours, mais devant nous les jours s'annoncent périlleux pour ceux qui fuient ce choix nécessaire (pericula magna sunt). Ce qui suit conforte et confirme l'espoir de ceux qui adhèrent aux paroles bibliques d'espoir, et notre désir profond est de les croire nombreux...

IV – RÉSUMÉ DES CHAPITRES

Chapitre I – Chronologie globale

Ce présent chapitre...

Chapitre II – Un Monde Spirituel

Dieu ne veut jamais être seul ! Comment un Dieu aimant pourrait-il être seul ? : Il doit avoir quelqu'un à aimer...

Et nous, aussi, sommes créés pour aimer : c'est pourquoi Dieu a créé Ève pour Adam, pour qu'ils s'aiment mutuellement et qu'ils aiment Dieu, et qu'ils aiment les animaux créés par Dieu. Ève, une aide semblable à Adam ; mais pourquoi elle aide : parce qu'elle aime !

Dieu, donc, n'est pas seul. Son Trône est entouré d'Êtres spirituels : les quatre Êtres Vivants, les vingt-quatre Anciens, les quatre Chérubins qui soutiennent le ciel sous le Trône, les Séraphins, et des myriades d'Anges...

Chapitre III – Première Création de l'Univers et de la Terre

À un moment, Dieu a révélé aux Anges ses plans —la création d'un Univers physique — et Il les a fait participer à l'élaboration de cet Univers matériel, le monde d'avant la rébellion de Lucifer. (À l'avenir, nous-mêmes participerons à l'élaboration des plans divins, déjà dès le Millénium.)

Puis ce fut terminé pour les projets, et Dieu est passé à l'exécution. C'est une fête quand on réalise, quand on termine un projet (**Job XXXVIII** [38], **7**). Et chacun avait sa responsabilité, et Lucifer reçut un Trône. Dieu en créant l'Univers a permis aux Anges d'exercer la Loi divine et appliquer leurs connaissances. À l'origine, d'autres Anges étaient chefs sous Lucifer, grand chef sur la Terre, lui-même sous Dieu — certains d'entre eux devinrent des chefs de démons : **Daniel X** [10], **13 & 20**.

Chapitre IV – Re-Création de la Terre

Le tout début de la Bible (**Genèse I, 2**) conte le résultat de la convoitise de

Lucifer qui n'en avait pas assez avec la mission magnifique que Dieu lui avait réservée. Satan n'a pas été créé pour être Dieu, ou devenir Dieu, mais Lucifer devenu Satan convoitait la suprématie de Dieu, et il partit avec ses anges à l'assaut du Ciel (**Ézéchiel XXVIII** [28]**, 16** ; **Ésaïe XIV** [14]**, 12–14**). Satan et ses démons, vaincus, furent précipités sur la Terre qu'ils avaient abandonnée, déclenchant un désastre écologique sans précédent dans l'Univers et sur la Terre.

Chapitre V – Grands Principes

Dieu créa l'Univers et l'Homme comme un édifice construit sur des bases solides et immuables. Un monde sanctifié par son Créateur, et posé sur des fondements qui assurent sa sainteté et sa pérennité. Fondements eux-mêmes posés sur des lois physiques et spirituelles, et sur des principes, pour faire tenir dans le Temps et l'Éternité l'édifice construit par le Grand Créateur.

Le chapitre présent aborde certains grands principes de la Création qui régissent la relation du monde créé avec son Créateur :

- Le principe de l'Élection,
- Le principe de l'Alliance,
- Le principe du Mariage,
- Le principe du Repos sabbatique,
- Le principe de l'Amour,
- Le principe de l'Éternité.

Chapitre VI – Le Règne de Satan

Satan est toujours sur son Trône, le Trône de la Terre. Satan a toujours régné partout sur cette Terre. La philosophie de tous les pays, et leurs religions, sont sous son contrôle, y compris tous les systèmes politiques, éducatifs, sociaux, économiques, commerciaux. Satan a réussi à cacher la vérité, à la tordre, et à nous imposer son point de vue, à nous tous dans notre vie de tous les jours.

Chapitre VII – Le Monde Antédiluvien

Quelle pouvait être cette société « adamite » en quelque sorte ? Nous avons été conditionnés par la théorie de l'Évolution, et par l'idée (faussée) que nous avons du Moyen Âge européen, et nous avons tendance à croire que dans les anciens temps les gens étaient des barbares. Ce n'étaient pas que des barbares (ou des cannibales !), en ce temps-là. D'aucuns avaient l'éducation, la connaissance et la technologie. Des gens intelligents ! ; car Dieu a placé son esprit dans l'homme. Et nous voyons une civilisation qui s'installe rapidement après la Création.

Chapitre VIII – Le Monde Actuel

Chapitre en cours d'écriture.

Le monde, de Noé jusqu'au XXe siècle.

Chapitre IX – Le Temps de la Fin

En tout état de cause,
nous y sommes !...

Table des matières :

Chapitre X – Le Millénium

Le "Millénium", c'est, les humains survivants se retrouvant sous le Gouvernement mondial de Jésus-Christ sur la Terre, dans cette période merveilleuse qui commencera. Eux et leurs descendants n'auront pas à combattre Satan ; mais ils devront néanmoins réussir en rejetant la voie du péché pendant leur vie physique, avant d'être eux aussi transformés en esprits.

Période de Re-Création, de restauration, d'épanouissement, de paix totale et de bonheur pour toute la Terre : hommes, animaux et monde végétal. Les bêtes sauvages sont transformées, deviennent paisibles et mangent de l'herbe.

Chapitre XI –
La Deuxième Résurrection et le Jugement dernier ;
Le Dernier Grand Jour ;
La Nouvelle Jérusalem

À la Deuxième Résurrection advient le jugement de la grande multitude, ceux qui n'ont pas eu leur chance de salut lors de leur première vie. Toute l'humanité qui est morte sans avoir sa chance de salut, tous seront ressuscités. Car Dieu est le Grand Dieu de Justice, et chacun aura, ou aura eu, sa chance de salut. son époque de salut. Car les morts ne sont ni en Enfer ni au Paradis, ils sont morts et inconscients (**Ecclésiaste IX** [9], **10**), c'est pourquoi ils seront ressuscités.

Il s'agit donc d'une Deuxième Résurrection, à la vie physique, distincte dans le temps de la Première Résurrection à la vie éternelle — celle des appelés et élus, et des morts en Christ —, qui aura eu lieu mille ans auparavant.

Cette multitude, ces milliards de morts ramenés à la vie physique, une nouvelle vie physique, sont maintenant appelés à suivre la voie de Dieu pendant une période probatoire (**Ésaïe LXV** [65], **17–25**). Cette période probatoire, cette nouvelle vie, semble-t-il durera 100 ans pour tous : notez le **verset 20**.

Chapitre XII – Darwin ou Dieu

En tout état de cause, j'ai le droit inaliénable de croire que la Bible est la parole révélée de Dieu, de choisir ma foi en Dieu plutôt que la connaissance humaine, produit d'intelligences faillibles et limitées, parfois même connaissance faussée et truquée d'hommes cherchant à « prouver » par une démarche <u>non scientifique</u> leurs postulats.

J'ai le droit d'admirer Blaise Pascal, grand savant, philosophe et écrivain français du XVIIIe siècle ; lui ne m'aurait pas méprisé !

Dans cet ordre d'idées, je voudrais citer Benoît XVI ; sur plusieurs points j'aime bien ce pape : il parle de la Raison, il raisonne et démontre par la raison, comme la scolastique du Moyen Âge.

Discours de Benoît XVI au Collège des Bernardins à Paris, vendredi 12 septembre 2008 :

« Au plus profond, la pensée et le sentiment humains savent de quelque manière que Dieu doit exister et qu'à l'origine de toutes choses, il doit y avoir non pas l'irrationalité, mais la Raison créatrice, non pas le hasard aveugle, mais la liberté.

« Une culture purement positiviste, qui renverrait dans le domaine subjectif, comme non scientifique, la question concernant Dieu, serait la capitulation de la raison (...) »

En d'autres termes, que toute forme de culture qui considère l'idée de Dieu comme une idée non scientifique est une culture rétrograde elle-même.

Chapitre XIII – Épilogue

• À la lumière des phases successives du Plan divin de salut, tel que nous le comprenons et l'avons décrit ci-avant, que penser de **Luc XVI** [16]**, 19–31** qui ne s'intègre pas bien dans ce schéma ? En fait, c'est une histoire-parabole ; une parabole morale, rien de plus, avec tout le conditionnel d'une parabole. Il ne faut pas la situer dans le cadre d'une prophétie ou d'une époque. Il est intéressant de note que dans la **Bible de Jérusalem** (Bible catholique, *« Les Éditions du Cerf, Paris, 2001 »*), il y a une note pour cette parabole : « Histoire-parabole, sans aucune attache historique ».

• La Seconde Mort

• L'Avenir de l'Homme

• Épilogue : Tout en vous faisant part de ces pensées, nous vous encourageons à contempler dans son ensemble le Plan divin du salut — qui propose à toute l'humanité le salut, gratuitement et avec amour, chacun ayant sa chance, son jour de salut — et à vous réjouir de cette perspective généreuse en y saisissant votre propre opportunité de vivre avec Dieu.

V – LA BIBLE, LE SALUT

LA BIBLE… ce Livre qui propose à notre esprit un voyage captivant dans l'histoire du salut.

Le salut… ce salut tant espéré, tant attendu — aspiration ultime d'une humanité assujettie au mal et à la souffrance qui en découle.

La Création tout entière soupire après ce salut, espérant sa délivrance ; la Terre fanée, étouffant, l'implore…

Romains VIII [8], 18–22

v. 22
« Or, nous savons que, jusqu'à ce jour, la création tout entière soupire et souffre les douleurs de l'enfantement. »

v. 19
« Aussi la création attend-elle avec un ardent désir la révélation des fils de Dieu. »

L'acte même de création, donc

l'acte créatif de Dieu, comporte aussi l'attention que le Créateur porte au monde issu de cet acte : ainsi le salut s'inscrit-il dans les origines mêmes de la Création.

Nous vous proposons un voyage à travers la Bible vers la vérité du salut, une vérité saisissante et bien différente des idées reçues. Retrouvons-la ensemble dans les textes tant de fois relus, et d'autres rarement vus, qui recèlent encore des espoirs inattendus...

Tout d'abord, il est nécessaire de souligner que des parties entières de la Bible ne sont pas composées de récits chronologiquement ordonnés. De nombreux passages, de nombreuses prophéties, sont éparpillés tout au long de la Bible, ce qui rend difficile une vision globale. Il faut pour cela de l'honnêteté, la révélation, l'aide du Saint-Esprit, beaucoup de travail, beaucoup d'années, de la persévérance. Mais Dieu a voulu que cela soit ainsi. Alors, par le travail conjugué de l'Esprit

Saint et de notre esprit humain, la pensée divine se révèle au fil des années pour faire apparaître peu à peu le tableau complet du salut. La vérité ne se révèle qu'à l'esprit disposé à la reconnaître, à l'esprit humble, à l'esprit ouvert par l'action de l'esprit de Dieu.

Jean IV [4], 23 & 24

« Mais l'heure vient, et elle est déjà venue, où les vrais adorateurs adoreront le Père en esprit et en vérité ; car ce sont là les adorateurs que le Père demande. Dieu est Esprit, et il faut que ceux qui l'adorent l'adorent en esprit et en vérité. »

Il faut adorer Dieu en esprit et en vérité, et sans Esprit on ne peut pas connaître la vérité. Car la vérité divine est spirituelle. L'apôtre Paul dit que les choses spirituelles sont connues spirituellement.

I Corinthiens II, 12–14

« Or nous, nous n'avons pas reçu l'esprit du monde, mais l'Esprit qui vient de Dieu [...] Mais l'homme naturel n'accepte pas les choses de l'Esprit de Dieu, car elles sont une folie pour lui, et il ne peut les connaître, parce que c'est spirituellement qu'on en juge. »

Notons également que la seule prophétie à peu près chronologique c'est l'Apocalypse, et c'est pourquoi l'Apocalypse est une clé pour les autres prophéties de la Bible.

Ésaïe XXVIII [28], 13

Matthieu XIII [13], 16 & 17

« Mais heureux sont vos yeux, parce qu'ils voient, et vos oreilles, parce qu'elles entendent ! Je vous le dis en vérité, beaucoup de prophètes et de justes ont désiré voir ce que vous voyez, et ne l'ont pas vu, entendre ce que vous entendez, et ne l'ont pas entendu. »

Amos III, 7

« Car le Seigneur, l'Éternel, ne fait rien Sans avoir révélé son secret à ses serviteurs les prophètes. »

Apocalypse X [10], 7

Daniel XII [12], 4

« [...] au temps de la fin [...] la

connaissance augmentera »

VI – CEUX QUI AURONT PERSÉVÉRÉ

Romains II, 7 & 8

« il réserve la vie éternelle à ceux qui, par la persévérance à bien faire, cherchent l'honneur, la gloire et l'immortalité ; mais l'irritation et la colère à ceux qui, par esprit de dispute, sont rebelles à la vérité et obéissent à l'injustice »

CE SONT CEUX qui auront persévéré jusqu'au terme de leurs jours physiques, ou jusque LA FIN, qui seront sauvés.

Matthieu XXIV [24], 13

« Mais celui qui persévérera jusqu'à la fin sera sauvé. »

Luc XXII [22], 28 & 29

« Vous, vous êtes ceux qui avez persévéré avec moi dans mes épreuves ; c'est pourquoi je dispose du royaume en votre faveur, comme mon Père en a disposé en ma faveur »

Apocalypse II, 2–4

« Je connais tes œuvres, ton travail, et ta persévérance. Je sais que tu ne peux supporter les méchants ; que tu as éprouvé ceux qui se disent apôtres et qui ne le sont pas, et que tu les a trouvés menteurs ; que tu as de la persévérance, que tu as souffert à cause de mon nom, et que tu ne t'es point lassé. Mais ce que j'ai contre toi, c'est que tu as abandonné ton premier amour. »

Apocalypse III, 10 & 11

« Parce que tu as gardé la parole de la persévérance en moi, je te garderai aussi à l'heure de la tentation qui va venir sur le monde entier, pour éprouver les habitants de la terre. Je viens bientôt. Retiens ce que tu as, afin que personne ne prenne ta couronne. »

Jusques à quand ? Dans le livre de Daniel, nous trouvons une réponse énigmatique :

Daniel XII [12], 12

« Heureux celui qui attendra, et qui arrivera jusqu'à mille trois cent trente-cinq jours ! »

Il s'agit d'un compte à rebours… Le 1335e jour avant le Retour du Christ.

Au fait, quelle importance ? Disons que cela intéresse ceux qui connaissent et qui croient — seul Dieu peut donner la compréhension. Les autres ? Disons que si c'est effectivement le Temps de la Fin, alors cela deviendra de la plus haute importance pour eux…

VII – 6.000 ANNÉES ALLOUÉES AUX CIVILISATIONS HUMAINES ?

CERTAINS GROUPES religieux prônent le Plan divin de 7.000 ans : une doctrine selon laquelle Dieu a laissé à l'humanité déchue une période de 6.000 ans pour suivre ses propres voies tortueuses, après quoi viendra le Millénium de 1.000 ans appartenant à Dieu, et envisagé différemment selon les enseignements des Églises.

Cette théorie théologique, quels qu'en soient les détails différents selon les dénominations, a-t-elle des fondements bibliques ?

Oui et Non.

NON explicitement : cette doctrine n'est pas directement confirmée par la Bible : il n'y a pas de passage biblique qui traite en langage clair ce sujet.

OUI implicitement :

LE CHIFFRE 7

La notion du temps biblique est marquée par le chiffre sept : sept jours de Création (en fait six + un) ; le cycle de sept années dont une sabbatique pour la terre ; sept semaines pour calculer la Pentecôte ; sept mois dans le cycle des Fêtes divines (ce cycle commence au premier mois et se termine au septième mois du calendrier sacré), ce qui peut sous-tendre un principe biblique et laisser penser que le Millénium soit la partie sabbatique d'un cycle de sept millénaires.

II Pierre III, 8

« Mais il est une chose, bien-aimés, que vous ne devez pas ignorer, c'est que, devant le Seigneur, un jour est comme mille ans, et mille ans sont comme un jour. »

Pour Dieu un jour est comme mille ans. Et à nouveau il y a ressemblance, il y a parallèle avec la semaine de la Création (de la Re-Création en fait, du renouvelle-ment de la Terre pour permettre l'arrivée de l'Homme — Genèse I, 3 à Genèse II, 4), un parallèle entre les 6 jours + le 7e d'une part, et les 6.000 ans + le Millénium d'autre part.

NOUS SOMMES AUX TEMPS DE LA FIN

Nous sommes aux TEMPS DE LA FIN : les indices sont là. Scrutant attentivement sur les blogs et médias alternatifs d'informations sur le Web (la Toile, comme on dit), l'actualité internationale, les analyses d'experts honnêtes, l'état de la planète Terre, les phénomènes actuels de notre système solaire, toutes les données indiquent un "APOCALYPSE" proche devant nous.

L'APOCALYPSE, dernier livre de La BIBLE, annonce ce que serait cette

« Fin des Temps » : sept sceaux, suivis de sept trompettes, prélude à un déversement de sept coupes... En de tels Temps, La Bible dit de veiller... Et, on ne peut qu'être d'ores et déjà frappés par la troublante ressemblance entre ce que ce Livre prophétique annonce, et ce que des personnes éveillées et bien informées alertent comme étant possible, être attendu, ou devoir immanquablement se produire.

Quant aux Quatre Cavaliers de l'Apocalypse — les quatre premiers sceaux — on peut dire qu'ils semblent déjà démarrer.

Apocalypse VI [6], 1–8

v. 3 & 4

« Quand il ouvrit le second sceau, j'entendis le second être vivant qui disait : Viens. Et il sortit un autre cheval, roux. Celui qui le montait reçut le pouvoir d'enlever la paix de la terre, afin que les hommes s'égorgent les uns les autres ; et une grande épée lui fut donnée. »

v. 5

« Quand il ouvrit le troisième sceau,

j'entendis le troisième être vivant qui disait : Viens. Je regardai, et voici, parut un cheval noir. Celui qui le montait tenait une balance dans sa main. »

v. 7 & 8
« Quand il ouvrit le quatrième sceau, j'entendis la voix du quatrième être vivant qui disait : Viens. Je regardai, et voici, parut un cheval d'une couleur verdâtre. Celui qui le montait se nommait la mort, et le séjour des morts l'accompagnait. <u>Le pouvoir leur fut donné sur le quart de la terre, pour faire périr les hommes par l'épée, par la famine, par la mortalité, et par les bêtes sauvages de la terre</u>. »

Les virus, les bactéries, sont « les bêtes sauvages de la Terre » de l'époque actuelle ! Et que dire des armes biologiques : c'est-à-dire, des virus et bactéries que l'Homme a volontairement sélectionnés, voire créés, pour provoquer des maladies "idéalement sans remède" ! Peut-être que Dieu dira à l'Homme : tu as voulu créer de nouvelles maladies... et bien d'accord, tu vas les assumer... Doit-on comprendre que les Quatre Cavaliers (qui ne sont que le début de l'Apocalypse !) emporteraient déjà le quart de la population mondiale ?

XLIII

Hallucinant !

Quant aux tremblements de terre (annoncés nombreux dans l'Apocalypse, et à un niveau mondial), peut-être sont-ils le moyen pour Dieu de rappeler qu'Il est toujours en charge de notre planète ! Les tremblements de terre, les volcans, le risque sérieux de réveil d'un méga-volcan, tous ces cataclysmes indiquent et rappellent que Dieu a l'emprise sur la Terre.

Le soleil devient dangereux. Les météorites sont en augmentation et deviennent un danger gravissime pour notre planète. Là aussi, la main de Dieu.

Du côté des "efforts personnels" de l'Homme pour démarrer par lui-même l'Apocalypse, nous pouvons mentionner : l'état dégénéré des nations du monde (rien de mieux pour provoquer Dieu — Genèse VI [6], 5–7 ; Jude 5–8 ; II Pierre II, 4–6) ; le risque nucléaire civil ; la manipulation génétique de la nourriture ; l'explosion des maladies dégénératives et des cancers (dont l'Homme est responsable) ; la création délibérée de virus et bactéries ; le terrifiant arsenal nucléaire militaire ; les nouvelles armes secrètes tout aussi terrifiantes (manipulation et destruction du climat, impulsion de tremblements de terre à distance, armes globales électro-magnétiques, et d'autres pas encore divulguées) ; et, plus subtile mais de plus en plus évidente, la mise en œuvre d'un Nouvel Ordre Mondial (occidental, sous inspiration et contrôle étasuniens) qui, à terme, gérera d'une main de fer les individus sous son autorité, lesquels se seront vus retirer toutes leurs libertés fondamentales (si vous en doutez, lisez les blogs et médias alternatifs d'informations sur le Web), et qui ne sera pas pour le bien des peuples mais pour leur destruction.

LA RÉVÉLATION

Tout d'abord, quand nous disons « les chrétiens », nous voulons dire, ceux personnellement appelés par Dieu au long des temps, qui ont reçu l'accès au Saint-Esprit, et par le Saint-Esprit la révélation de la vérité de Dieu. Cette notion de l'action de l'esprit de Dieu est primordiale.

AYANT CECI À L'ESPRIT, revenons

à la théorie du Plan de 7.000 ans.

L'idée même, cette compréhension d'une durée de 6.000 ans allouée à l'homme et terminée par le Retour du Christ (son Second Avènement glorieux), idée généralisée chez « les chrétiens », laisse indirectement penser à, présuppose même LA RÉVÉLATION, c'est-à-dire l'inspiration et la pensée de Dieu, transmises par le Saint-Esprit.

Amos III, 7

« Car le Seigneur, l'Éternel, ne fait rien
Sans avoir révélé son secret à ses
serviteurs les prophètes. »

Nota : « les prophètes » peut aussi être pensé dans le sens de « ses serviteurs », « tous ses vrais serviteurs » — pas nécessairement un homme spécialement appelé prophète. Au reste, il semble qu'il n'y ait plus de prophète depuis le temps de l'Antiquité jusqu'à présent.

CETTE PENSÉE donc d'une durée de 6.000 ans allouée aux civilisations humaines sous influence de Satan, pensée qui n'était pas présente sous cette forme dans l'Église primitive des apôtres (lesquels pensaient et espéraient que le Royaume de Dieu serait instauré très vite, et même de leur vivant), cette pensée est probablement apparue dès les siècles suivants dans les restes de l'Église, pour renaître avec force au début du XIXe siècle (principalement aux États-Unis) dans les Églises néo-réformistes, un mouvement d'adventisme au sens large du terme (nous parlons ici du mouvement adventiste du XIXe siècle, du latin « adventis » — avènement —, et non pas de l'Église Adventiste elle-même issue de ce mouvement). Dans ce domaine, la connaissance vraie est étroitement liée avec la « révélation ».

Daniel XII [12], 4

« Toi, Daniel, tiens secrètes ces paroles, et scelle le livre jusqu'aux temps de la fin. Plusieurs alors le liront, et la connaissance augmentera. »

PUISQU'IL EST INDIQUÉ qu'aux « Temps de la Fin » la connaissance augmenterait, alors le fait même d'accéder à de si grandes connaissances maintenant est un indice indirect et supplémentaire que nous sommes bien aux « Temps de la Fin » et que Dieu révèle (par son Esprit) cette connaissance vraie et la compréhension à ses vrais serviteurs.

VIII – CHRONOLOGIE GLOBALE

CETTE PÉRIODE de 6.000 + 1.000 ans est, en fait, la partie centrale et essentielle d'un déroulement beaucoup plus vaste, dont voici les principales étapes résumées :

I) Deux ÊTRES distincts qui sont UN et qui sont DIEU

Jean I, 1–3
Jean XIV [14]
Jean XVII [17]

II) CRÉATION DU MONDE SPIRITUEL

III) PREMIÈRE CRÉATION DE L'UNI-VERS ET DE LA TERRE ; Lucifer et ses anges chargés de s'occuper de la Terre

Job XXXVIII [38]**, 4 & 7**
Genèse I, 1

IV) Rébellion, CHUTE DE LUCIFER (qui devint Satan, L'Adversaire), et du tiers du Monde angélique (mais Satan reste sur son Trône, le Trône de la

Terre)

Ézéchiel XXVIII [28], 14–16
Luc X [10], 18
Jean XIV [14], 30

V) Conséquence du péché (rébellion de Satan et ses anges), la Terre subit des malédictions, les végétaux, les animaux sont même changés, LA TERRE DEVIENT VIOLENTE. De monstrueux animaux errent sur la Terre (beaucoup d'animaux carnivores) : ce sont les fameux animaux préhistoriques du monde préadamite

VI) La Terre est complètement dévastée : PREMIER GRAND DÉLUGE, LE PLUS GRAND ; déluge dont les traces sont encore visibles à la surface de la Terre ; la Terre reste submergée peut-être un temps extraordinairement long (et inconnu à ce jour)

Genèse I, 2
Psaumes CIV [104], 6

VII) RE-CRÉATION DE LA TERRE, il y a environ 6.000 ans

Genèse I, 3 à II, 25
Psaumes CIV [104]**, 6–9 & 30**

VIII) Création de l'Homme

Genèse I, 27

IX) L'Éden

X) CHUTE DE L'HOMME ; la Terre est à nouveau maudite ; de nombreux animaux redeviennent dangereux, mais restent à l'échelle humaine sinon l'homme ne pourrait pas survivre

XI) UN PLAN DIVIN DE SALUT en plusieurs phases : 6.000 ans + 1.000 ans + une dernière période (100 ans ?)

XII) DURÉE DE 6.000 ANS allouée aux civilisations humaines

XIII) Satan toujours sur son Trône, le Trône de la Terre

Matthieu IV [4]**, 8–9**
Jean XIV [14]**, 30**
I Jean V [5]**, 19**
Apocalypse XII [12]**, 9**

appelée LE DERNIER GRAND JOUR

Ésaïe LXV [65], **17–25**
surtout le verset **20**

XXVII) Commencement du Royaume de Dieu ; LA NOUVELLE JÉRUSALEM ; DIEU LE PÈRE DESCEND SUR LA TERRE

Apocalypse XXI [21], **1–4**
Apocalypse XXII [22], **17**

LV

LVI

Chapitre II
Un Monde Spirituel

Table des matières
Chapitre II
Un Monde Spirituel

AU-DELÀ de la Création physique, visible, il y a celle, cachée à nos sens, l'invisible Création spirituelle. L'Éternel Dieu et Son Fils unique président à un monde qui a la même nature qu'Eux, une nature faite d'esprit et dotée d'une puissance inimaginable. Essayons néanmoins d'avoir une vision de cet Univers par les Écritures Saintes, connaître les êtres spirituels qui y vivent et œuvrent, connaître mieux Dieu le Père et Son Fils, les Dieux de l'Univers entier.

LX

I – DEUX ÊTRES DISTINCTS QUI FONT UN ET QUI SONT DIEU

JEAN I, 1 fait référence à l'époque où les Anges et autres Êtres spirituels n'étaient pas encore créés : C'EST LE VÉRITABLE COMMENCEMENT.

Jean I, 1–3

« Au commencement était la Parole, et la Parole était avec Dieu, et la Parole était Dieu. Elle était au commencement avec Dieu. Toutes choses ont été faites par elle, et rien de ce qui a été fait n'a été fait sans elle. »

Il existait deux Êtres. Ce que nous savons avec certitude, c'est que, à ce Commencement relaté par l'apôtre, le plus lointain dans le Temps, il existait deux Êtres portant tous deux le nom de « Dieu ». Une seule volonté créatrice, mais deux Êtres distincts.

Psaumes XC [90], 2

« Avant que les montagnes soient nées, Et que tu aies créé la terre et le monde,

D'éternité en éternité tu es Dieu. »

Dieu le Père est le Créateur par la Parole.

Le Dieu de l'Ancien Testament (c'est-à-dire, dans ce qu'on appelle l'Antiquité), c'est La Parole, mais on disait « Dieu » ou « L'Éternel » — c'est Lui qui devint plus tard Jésus-Christ.

C'est Jésus-Christ qui nous a révélé le Père.

Jean XIV [14], 6–10

« Jésus lui dit : Je suis le chemin, la vérité, et la vie. Nul ne vient au Père que par moi. Si vous me connaissiez, vous connaîtriez aussi mon Père. Et dès maintenant vous le connaissez, et vous l'avez vu. Philippe lui dit : Seigneur, montre-nous le Père, et cela nous suffit. Jésus lui dit : Il y a si longtemps que je suis avec vous, et tu ne m'as pas connu, Philippe! Celui qui m'a vu a vu le Père ; comment dis-tu : Montre-nous le Père ? Ne crois-tu pas que je suis dans le Père, et que le Père est en moi ? Les paroles que je vous dis, je ne les dis pas de moi-même ; et le Père qui demeure en moi, c'est lui qui fait les œuvres. »

v. 13 & 14

« et tout ce que vous demanderez en mon nom, je le ferai, afin que le Père soit glorifié dans le Fils. Si vous demandez quelque chose en mon nom, je le ferai. »

v. 23

« Jésus lui répondit : Si quelqu'un m'aime, il gardera ma parole, et mon Père l'aimera ; nous viendrons à lui, et nous ferons notre demeure chez lui. »

v. 28

« Vous avez entendu que je vous ai dit : Je m'en vais, et je reviens vers vous. Si vous m'aimiez, vous vous réjouiriez de ce que je vais au Père ; car le Père est plus grand que moi. »

Jean XVII [17], 1 & 2

« Après avoir ainsi parlé, Jésus leva les yeux au ciel, et dit : Père, l'heure est venue ! Glorifie ton Fils, afin que ton Fils te glorifie, selon que tu lui as donné pouvoir sur toute chair, afin qu'il accorde la vie éternelle à tous ceux que tu lui as donnés. »

v. 24

« Père, je veux que là où je suis ceux que tu m'as donnés soient aussi avec moi, afin qu'ils voient ma gloire, la gloire que tu m'as donnée, parce que tu m'as aimé avant la fondation du monde. »

o-o-o

Et Jésus, Jésus-Christ, lors de sa vie en tant qu'être humain sur la Terre, qui était-Il, quelle était sa nature ?

Il est Dieu incarné, en même temps Dieu et homme.

Incarnation : (REL) Mystère fondamental de la foi chrétienne, par lequel Dieu s'est fait homme en la personne de Jésus-Christ. « Dictionnaire Hachette encyclopédique », éd. 2002

Plus précisément, c'est La Parole qui s'est faite chair :

Jean I, 1–14

« Au commencement était la Parole, et la Parole était avec Dieu, et la Parole était Dieu. Elle était au commencement avec Dieu. Toutes choses ont été faites par elle, et rien de ce qui a été fait n'a été fait sans elle. En elle était la vie, et la vie était la lumière des hommes [...] Cette lumière était la véritable lumière, qui, en venant dans le monde, éclaire tout homme. Elle était dans le monde, et le monde a été fait par elle, et le monde ne l'a point connue. Elle est venue chez les siens, et les siens ne l'ont point reçue. Mais à tous ceux qui l'ont reçue, à ceux qui croient en son nom, elle a donné le pouvoir de devenir enfants de Dieu, lesquels sont nés, non du sang, ni de la volonté de la chair, ni de la volonté de l'homme, mais de Dieu. Et la Parole a été faite chair, et elle a habité parmi nous, pleine de grâce et de vérité ; et nous avons contemplé sa gloire, une gloire comme la gloire du Fils unique venu du Père. »

Matthieu XXII [22], 41-45

« 41 Comme les pharisiens étaient assemblés, Jésus les interrogea, 42 en disant : Que pensez-vous du Christ ? De qui est-il fils ? Ils lui répondirent : De David. 43 Et Jésus leur dit : Comment donc David, animé par l'Esprit, l'appelle-t-il Seigneur, lorsqu'il dit : 44 Le Seigneur a dit à mon Seigneur : Assieds-toi à ma droite, Jusqu'à ce que je fasse de tes ennemis ton marchepied ? 45 Si donc David l'appelle Seigneur, comment est-il son fils ? »

Marc I, 9–11

« 9 En ce temps-là, Jésus vint de

Nazareth en Galilée, et il fut baptisé par Jean dans le Jourdain. 10 Au moment où il sortait de l'eau, il vit les cieux s'ouvrir, et l'Esprit descendre sur lui comme une colombe. 11 Et une voix fit entendre des cieux ces paroles : Tu es mon Fils bien-aimé, en toi j'ai mis toute mon affection. »

Jean V [5], 36,43

« 36 les œuvres que le Père m'a donné d'accomplir, ces œuvres mêmes que je fais, témoignent de moi que c'est le Père qui m'a envoyé.
43 Je suis venu au nom de mon Père, et vous ne me recevez pas »

Jésus pouvait lire les pensées, guérir toute maladie, ressusciter des morts, apaiser la mer, marcher sur les eaux, déplacer une montagne s'il l'avait voulu. Il accédait à la puissance de Dieu, son Père.

Matthieu XXI [21], 21

« Jésus leur répondit: Je vous le dis en vérité, si vous aviez de la foi et que vous ne doutiez point, non seulement vous feriez ce qui a été fait à ce figuier, mais quand vous diriez à cette montagne :

Ôte-toi de là et jette-toi dans la mer, cela se ferait. »

Mais la Parole n'est évidemment pas venue dans la chair pour montrer sa puissance ! Jésus sur la Terre, en tant qu'homme, sa seule raison d'être, son seul but, fut d'accomplir la volonté de son Père, allant jusqu'au sacrifice pour racheter l'humanité. Il était soumis à l'égard de son Père ; Il montrait ainsi qu'Il était subordonné, c'est pourquoi Il priait. Il marchait sur cette Terre dans l'humilité d'un homme, tel que cela doit être, tout en étant Dieu incarné en homme.

Il fut un homme de douleur, habitué à la souffrance, méprisé... Il dut souffrir dans la chair ce que souffre l'homme, il dut être tenté comme l'homme est tenté.

Hébreux V [5], 7−9

« 7 C'est lui qui, dans les jours de sa chair, ayant présenté avec de grands cris et avec larmes des prières et des supplications à celui qui pouvait le sauver de la mort, et ayant été exaucé à cause de sa piété, 8 a appris, bien qu'il fût Fils, l'obéissance par les choses qu'il a souffertes, 9 et qui, après avoir été élevé à la perfection, est devenu pour tous ceux qui lui obéissent l'auteur d'un salut éternel »

Ésaïe LIII [53]

« 1 Qui a cru à ce qui nous était annoncé ? Qui a reconnu le bras de l'Éternel ? 2 Il s'est élevé devant lui comme une faible plante, Comme un rejeton qui sort d'une terre desséchée ; Il n'avait ni beauté, ni éclat pour attirer nos regards, Et son aspect n'avait rien pour nous plaire. 3 Méprisé et abandonné des hommes, Homme de douleur et habitué à la souffrance, Semblable à celui dont on détourne le visage, Nous l'avons dédaigné, nous n'avons fait de lui aucun cas. 4 Cependant, ce sont nos souffrances qu'il a portées, C'est de nos douleurs qu'il s'est chargé ; Et nous l'avons considéré comme puni, Frappé de Dieu, et humilié. 5 Mais il était blessé pour nos péchés, Brisé pour nos iniquités ; Le châtiment qui nous donne la paix est tombé sur lui, Et c'est par ses meurtrissures que nous sommes guéris. 6 Nous étions tous errants comme des brebis, Chacun suivait sa propre voie ; Et l'Éternel a fait retomber sur lui l'iniquité de nous tous. 7 Il a été maltraité et opprimé [...] 10 Il a plu à l'Éternel de le briser par la souffrance... Après avoir livré sa vie en sacrifice pour le péché, Il verra une postérité et prolongera ses jours ; Et l'œuvre de l'Éternel prospérera entre ses mains. 11 A cause du travail de son âme, il rassasiera ses regards ; Par sa connaissance mon serviteur juste justifiera beaucoup d'hommes, Et il se chargera de leurs iniquités. 12 [...] Parce qu'il s'est livré lui-même à la mort, Et qu'il a été mis au nombre des malfaiteurs, Parce qu'il a porté les péchés de beaucoup d'hommes, Et qu'il a intercédé pour les coupables. »

Hébreux X [10], 12 & 13

« 12 lui, après avoir offert un seul sacrifice pour les péchés, s'est assis pour toujours à la droite de Dieu, 13 attendant désormais que ses ennemis soient devenus son marchepied. »

o-o-o

Certains pensent que le Saint-Esprit est la Troisième Personne d'une Trinité (c'est le concept catholique, au demeurant honorable).

À l'étude des versets bibliques, nous irions plutôt dans le sens d'une autre compréhension. Oui, il y a en quelque sorte une Trinité : le baptême ne se fait-il pas au nom du Père, du Fils et du Saint-Esprit ?

Matthieu XXVIII [28], 19

« Allez, faites de toutes les nations des disciples, les baptisant au nom du Père, du Fils et du Saint Esprit »

Dans ce sens, la Trinité existe, mais on ne peut pas dire que le Saint-Esprit est une Personne. Il y a deux Personnes, et le Saint-Esprit est leur nature, leur puissance.

Le Saint-Esprit, c'est l'esprit de Dieu, sa puissance spirituelle. Dieu nous l'accorde lorsque nous décidons d'accepter le sacrifice de Jésus-Christ et de Le suivre. Ce n'est pas une personne, un être, mais une puissance spirituelle, l'esprit et la pensée de Dieu, l'incommensurable puissance active et créatrice de Dieu.

Luc X [10], 21

« En ce moment même, Jésus tressaillit de joie par le Saint-Esprit, et il dit : Je te loue, Père, Seigneur du ciel et de la terre, de ce que tu as caché ces choses aux sages et aux intelligents, et de ce que tu les as révélées aux enfants. Oui, Père, je te loue de ce que tu l'as voulu ainsi. »

Bien sûr, ce ne sont que les arrhes que nous recevons maintenant — mais quand nous serons transformés en êtres spirituels, nés dans la famille de Dieu, nous serons imprégnés de cette puissance, nous serons cette puissance.

Jean XIV [14], 15–17

« Si vous m'aimez, gardez mes commandements. Et moi, je prierai le Père, et il vous donnera un autre consolateur, afin qu'il demeure éternellement avec vous, l'Esprit de vérité, que le monde ne peut recevoir, parce qu'il ne le voit point et ne le connaît point ; mais vous, vous le connaissez, car il demeure avec vous, et il sera en vous. »

v. 25 & 26

« Je vous ait dit ces choses pendant que je demeure avec vous. Mais le consolateur, l'Esprit-Saint, que le Père enverra en mon nom, vous enseignera toutes choses, et vous rappellera tout ce que je vous ai dit. »

Actes II, 1–4

« Le jour de la Pentecôte, ils étaient tous ensemble dans le même lieu. Tout à coup, il vint du ciel un bruit comme celui d'un vent impétueux, et il remplit toute la maison où ils étaient assis. Des langues, semblables à des langues de feu, leur apparurent, séparées les unes des autres, et se posèrent sur chacun d'eux. Et ils furent tous remplis du Saint-Esprit [...] »

v. 32 & 33

« C'est ce Jésus que Dieu a ressuscité ; nous en sommes tous témoins. Élevé par la droite de Dieu, il a reçu du Père le Saint-Esprit qui avait été promis, et il l'a répandu, comme vous le voyez et l'entendez. »

Notez que lors de cette Pentecôte qui suivait la mort et la résurrection de Christ, les apôtres n'ont pas été "revêtus ou remplis d'une personne", qui se serait "posée sur chacun d'eux", mais bien d'une puissance.

Dans l'Ancien Testament, nous voyons aussi que quelques personnes choisies par Dieu ont reçu ce Saint-Esprit.

I Samuel XVI [16], 12 & 13

« [...] L'Éternel dit à Samuel : Lève-toi, oins-le, car c'est lui ! Samuel prit la corne d'huile, et l'oignit au milieu de ses frères. L'Esprit de l'Éternel saisit David, à partir de ce jour et dans la suite [...] »

Dans ce dernier passage, nous voyons à nouveau que l'Esprit de l'Éternel n'est pas une personne, mais une puissance : ce n'est pas une "personne" qui a "saisi David" ! mais le jeune David a reçu une part de la puissance spirituelle et de la pensée de Dieu !

Le Saint-Esprit est une force qui émane de Dieu, et c'est aussi une puissance, un lien par lequel Dieu agit sur nous. Si l'Esprit de Dieu était une personne, pourquoi nulle part dans la Bible n'y a-t-il les caractéristiques de cette personne, comme il est fait mention de la personnalité de Jésus-Christ et du Père ? Jésus-Christ a révélé le Père, mais il n'a pas "révélé le Saint-Esprit".

Jean XIV [14], 6–10

« [...] Si vous me connaissiez, vous connaîtriez aussi mon Père. Et dès maintenant vous le connaissez, et vous l'avez vu [...] Celui qui m'a vu a vu le Père [...] Les paroles que je vous dis, je ne les dis pas de moi-même ; et le Père qui demeure en moi, c'est lui qui fait les œuvres. »

II – UN MONDE SPIRITUEL

DIEU ne veut jamais être seul ! Comment un Dieu aimant pourrait-il être seul ? : Il doit avoir quelqu'un à aimer...

Et nous, aussi, sommes créés pour aimer : c'est pourquoi Dieu a créé Ève pour Adam, pour qu'ils s'aiment mutuellement et qu'ils aiment Dieu, et qu'ils aiment les animaux créés par Dieu. Ève, une aide semblable à Adam ; mais pourquoi elle aide : parce qu'elle aime !

Dieu, donc, n'est pas seul. Son Trône est entouré d'Êtres spirituels : les quatre Êtres Vivants, les vingt-quatre Anciens, les quatre Chérubins qui soutiennent le ciel sous le Trône, les Séraphins, et des myriades d'Anges...

III – DES CHÉRUBINS

QUATRE « animaux fantastiques », avec quatre côtés, quatre faces — une face d'homme, une face de lion, une face de bœuf et une face d'aigle —, quatre ailes, et une forme de main d'homme sous chaque aile !

Ézéchiel I

v. 4–8

« Je regardai, et voici, il vint du septentrion un vent impétueux, une grosse nuée, et une gerbe de feu, qui répandait de tous côtés une lumière éclatante, au centre de laquelle brillait comme de l'airain poli, sortant du milieu du feu. Au centre encore, apparaissaient quatre animaux, dont l'aspect avait une ressemblance humaine. Chacun d'eux avait quatre faces, et chacun avait quatre ailes. Leurs pieds étaient droits, et la plante de leurs pieds était comme celle du pied d'un veau ; ils étincelaient comme de l'airain poli. Ils avaient des mains d'homme sous les ailes à leur quatre côtés »

v. 10–11

« Quant à la figure de leurs faces, ils avaient tous une face d'homme, tous les quatre une face de lion à droite, tous les quatre une face de bœuf à gauche, et tous les quatre une face d'aigle. Leurs faces et leurs ailes étaient séparées par le haut ; deux de leurs ailes étaient jointes l'une à l'autre, et deux couvraient leurs corps. »

v. 12–14

« Chacun marchait droit devant soi ; <u>ils allaient où l'Esprit les poussait à aller</u>, et ils ne se tournaient point dans leur marche. L'aspect de ces animaux ressemblait à des charbons de feux ardents, c'était comme l'aspect des flambeaux, et ce feu circulait entre les animaux ; il jetait une lumière éclatante, et il en sortait des éclairs. Et les animaux couraient et revenaient comme la foudre. »

Et, auprès des quatre « animaux », quatre roues comme imbriquées l'une dans l'autre, une roue près de chaque « animal », qui se déplacent sans tourner à côté et en même temps que les « animaux » ! L'esprit des « animaux » est dans les roues.

v. 18–20

« Elles avaient une circonférence et une hauteur effrayantes, et à leur circonférence les quatre roues étaient remplies d'yeux tout autour. Quand les animaux marchaient, les roues cheminaient à côté d'eux ; et quand les animaux s'élevaient de terre, les roues s'élevaient aussi. Ils allaient où l'Esprit les poussait à aller ; et les roues s'élevaient avec eux, car l'esprit des animaux était dans les roues. »

Ces quatre « animaux fantastiques » soutiennent un Ciel comme en cristal resplendissant.

v. 22

« Au-dessus des têtes des animaux, il y avait comme un ciel de cristal resplendissant, qui s'étendait sur leurs têtes dans le haut. »

Et au-dessus de ce Ciel se trouve le Trône de l'Éternel :

v. 26–27

« Au-dessus du ciel qui était sur leurs têtes, il y avait quelque chose de semblable à une pierre de saphir, en forme de trône ; et sur cette forme de trône apparaissait comme une figure d'homme placé dessus en haut.

Note de minéralogie :

saphir : pierre précieuse de couleur bleu transparent (bleu lumineux) ; forme naturelle cristallisée et très dure de corindon transparent, bleu, jaune ou vert (lorsqu'il est coloré de traces de cobalt).

corindon : alumine anhydre cristallisée, naturelle ou artificielle, très dure ; le saphir et le rubis sont des corindons.

alumine : oxyde d'aluminium Al_2O_3 ; on extrait l'alumine de la bauxite (alumine hydratée mélangée d'oxyde de fer) ; l'alumine anhydre, colorée par des oxydes métalliques, constitue les rubis et les saphirs.

Je vis encore comme de l'airain poli, comme du feu, au-dedans duquel était cet homme, et qui rayonnait tout autour ; depuis la forme de ses reins jusqu'en haut, et depuis la forme de ses reins jusqu'en bas, je vis comme du feu, et comme une lumière éclatante, dont il était environné. »

v. 28

« Tel l'aspect de l'arc qui est dans la nue en un jour de pluie, ainsi était l'aspect de cette lumière éclatante, qui l'entourait : c'était une image de la gloire de l'Éternel »

Ézéchiel III, 12–13

Ézéchiel X [10], 1

« Je regardai, et voici, sur le ciel qui était au-dessus de la tête des chérubins, il y avait comme une pierre de saphir ; on voyait au-dessus d'eux quelque chose de semblable à une forme de trône. »

v. 20–22

Les quatre « animaux fantastiques » dont parlait le chapitre I sont des Chérubins : tout le chapitre X décrit à nouveau ces quatre Chérubins qui soutiennent et déplacent le Trône de l'Éternel.

Il n'y a aucun rapport, mais alors absolument aucun rapprochement possible entre cette description fantastique et la vision doucereuse de petits angelots avec deux ailes, imagerie véhiculée par l'art, l'iconographie (tête d'enfant avec des ailes) et par bien des Églises chrétiennes traditionnelles. Les dictionnaires eux-mêmes rapportent les expressions « avoir une face de chérubin », et « avoir un teint de chérubin », pour un visage rond et des joues colorées pour un enfant ! Un chérubin, c'est un bel enfant... C'est l'Adversaire, le Satan, qui distille dans le monde cette vision doucereuse, trompeuse, sans force, d'êtres si puissants ! ; car, au contraire, les Chérubins sont des Êtres spirituels extrêmement puissants, complexes, et même effrayants pour les hommes...

Ézéchiel X [10], 12

« Tout le corps des chérubins, leur dos, leurs mains, et leurs ailes, étaient remplis d'yeux, aussi bien que les roues tout autour, les quatre roues. »

v. 15–17

v. 20–22

Ézéchiel XI [11], 22–23

« Les chérubins déployèrent leurs ailes, accompagnés des roues ; et la gloire du Dieu d'Israël était sur eux, en haut. La gloire de l'Éternel s'éleva du milieu de la ville, et elle se plaça sur la montagne qui est à l'orient de la ville. »

Ces quatre Chérubins soutiennent et déplacent le Trône.

Ézéchiel IX [9], 3

Ézéchiel X [10], 18-19

La gloire de l'Éternel repose sur les Chérubins. Parfois la gloire de l'Éternel quitte le Trône pour se déplacer elle-même (Ézéchiel IX [9], 3 ; Ézéchiel X [10], 4 & 18), puis elle revient se placer sur les chérubins !

Il y a d'autres Chérubins. Mais vraisemblablement pas un grand nombre, un nombre réduit. Ces créatures sont peut-être les plus puissantes de la création spirituelle, avec les Archanges.

Y aurait-il plusieurs « races » de Chérubins ! ? Cette formulation peut sembler bizarre, mais cela part de l'existence de plusieurs descriptions très différentes.

Les quatre Chérubins qui soutiennent et déplacent le Trône ont quatre côtés, quatre faces — une face de bœuf, une face d'homme, une face de lion, une face d'aigle —, quatre ailes, quatre mains et, comme une grande roue remplie d'yeux tout autour auprès de chacun.

Mais les deux Chérubins d'or sur le propitiatoire de l'Arche n'ont qu'une face (humaine, semble-t-il) et deux ailes seulement, tout comme les deux grands Chérubins que Salomon fit installer dans le Sanctuaire (le Lieu Très Saint) du Temple.

Or, dans la vision du Temple futur (Ézéchiel et la Maison d'Israël étaient en captivité), les murs du Temple sont ornés de représentations de Chérubins à deux visages (une face d'homme et une face de lion).

Genèse III, 24

« C'est ainsi qu'il chassa Adam ; et il mit à l'orient du jardin d'Éden les chérubins qui agitent une épée flamboyante, pour garder le chemin de l'arbre de vie. »

Des chérubins avec une épée flamboyante.

Exode XXV [25], 20

« Les chérubins étendront les ailes par-dessus, couvrant de leurs ailes le propitiatoire, et se faisant face l'un à l'autre ; les chérubins auront la face tournée vers le propitiatoire. »

Des chérubins avec une face, et probablement deux ailes.

I Rois VI [6], 23–28

Ézéchiel XLI [41], 18–19

« et orné de chérubins et de palmes. Il y avait une palme entre deux chérubins. Chaque chérubin avait deux visages, une face d'homme tournée d'un côté vers la palme, et une face de lion tournée de l'autre côté vers l'autre palme ; il en était ainsi tout autour de la maison. »

Tout comme on peut penser à plusieurs « races » de Chérubins, d'autres hypothèses sont aussi plausibles. Et j'opterais plutôt pour l'approche suivante : dans les chapitres I et X d'Ézéchiel il s'agit de visions divines dans lesquelles Ézéchiel voit ces quatre Chérubins, c'est-à-dire la réalité, non pas une représentation symbolique. Tandis que les deux Chérubins représentés sur le propitiatoire de l'Arche, tout comme les deux du Lieu Très Saint, ainsi que les figures à deux faces gravées le long des murs du Temple, sont des représentations artistiques, donc des représentations symboliques et non pas l'image réelle.

Dans cette hypothèse, les autres Chérubins devraient être tous à l'image des quatre Chérubins à quatre faces décrits par Ézéchiel.

Au reste, Satan, qui fut originellement créé comme Chérubin, est certainement à l'heure actuelle un Être à plusieurs faces, plusieurs apparences en une seule, même si elles ont changé : un Être spirituel d'apparence effrayante, et qui reste extrêmement puissant.

IV – LE SATAN

TROIS ÊTRES spirituels parmi les principaux sont nommés par leur nom ou appellation particulière dans la Bible : Micaël (appelé Michel dans le Nouveau Testament), Gabriel et Satan. Satan signifie « Adversaire », ce n'est pas un nom au sens propre du terme.

Apocalypse XX [20], 2

« le dragon, le serpent ancien, qui est le diable et Satan »

Satan est son appellation actuelle, depuis sa chute, depuis qu'il est devenu l'Adversaire, Chef de tous les adversaires, le Démon. Son nom d'origine, son nom de création, le nom qu'il portait jusqu'à sa chute, n'est pas formellement connu. Ésaïe XIV [14], 12 semble donner son nom d'origine qui pourrait avoir été « Astre brillant » ou « Fils de l'aurore » :

« Te voilà tombé du ciel,

Astre brillant, fils de l'aurore ! »

Dans la langue française (en France), il est habituel de le désigner plus particulièrement par le nom de Lucifer pour désigner l'époque d'avant sa chute. Ce mot vient du latin /lux, lucis/ « lumière » et /ferre/ « porter » : donc celui qui porte ou qui apporte la lumière. C'est l'idée donnée par Ésaïe XIV [14], 12.

Lucifer fut créé comme Chérubin : Ézéchiel XXVIII [28], 12–17

Ézéchiel XXVIII [28], 14

« Tu étais un chérubin protecteur, aux ailes déployées ; Je t'avais placé et tu étais sur la sainte montagne de Dieu ; Tu marchais au milieu des pierres étincelantes. »

À noter que dans un langage ordinaire, on emploie le terme Satan (Satan, l'Adversaire, Chef de tous les adversaires, le Démon) pour désigner non pas l'Être lui-même, mais les démons d'une façon générale. Par exemple, quand nous disons que Satan poursuit les chrétiens, entrave leur action, il s'agit là habituellement des démons.

V – L'ARCHANGE MICHEL
(appelé Micaël dans l'Ancien Testament)

Daniel X [10], 13

« Le chef du royaume de Perse m'a résisté vingt et un jours ; mais voici, Micaël, l'un des principaux chefs, est venu à mon secours, et je suis demeuré là auprès des rois de Perse. »

v. 20

« Maintenant je m'en retourne pour combattre le chef de la Perse ; et quand je partirai, voici, le chef de Javan viendra. »

Daniel XII [12], 1

« En ce temps-là se lèvera Micaël, le grand chef, le défenseur des enfants de ton peuple ; et ce sera une époque de détresse, telle qu'il n'y en a point eu de semblable depuis que les nations existent jusqu'à cette époque. En ce temps-là, ceux de ton peuple qui seront trouvés inscrits dans le livre seront sauvés. »

Jude 8,9

« [...] ces hommes [...] injurient les gloires. Or, l'archange Michel, lorsqu'il contestait avec le diable et lui disputait le corps de Moïse, n'osa pas porter contre lui un jugement injurieux »

Apocalypse XII [12], 7–8

« Et il y eu guerre dans le ciel. Michel et ses anges combattirent contre le dragon. Et le dragon et ses anges combattirent, mais ils ne furent pas les plus forts, et leur place ne fut plus trouvée dans le ciel. »

MICAËL (ou MICHEL dans la langue grecque du Nouveau Testament) n'est pas nommé comme Chérubin, mais comme Archange. Il est présenté comme l'un des principaux chefs, le grand Chef. Il lutte contre les autorités, les puissances, les dominations de démons, et combat le Dragon. Il est également présenté comme étant notre chef, le défenseur des élus, notre rempart à la Fin des Temps.

Le terme d'« archange » n'est

lui-même directement utilisé que deux fois dans la Bible : dans Jude 9 pour Michel ; et, sans précision de nom, dans I Thessaloniciens IV, 16 :

I Thessaloniciens IV [4], 16

« Car le Seigneur lui-même, à un signal donné, à la voix d'un archange, et au son de la trompette de Dieu, descendra du ciel, et les morts en Christ ressusciteront premièrement. »

VI – L'ANGE GABRIEL

Daniel VIII [8], 16

« il cria et dit : Gabriel, explique-lui la vision. »

Daniel IX [9], 21

« Je parlais encore dans ma prière, quand l'homme, Gabriel, que j'avais vu précédemment dans une vision, s'approcha de moi d'un vol rapide, au moment de l'offrande du soir. »

Luc I, 19

« L'ange lui répondit : Je suis Gabriel, je me tiens devant Dieu ; j'ai été envoyé pour te parler, et pour t'annoncer cette bonne nouvelle. »

Luc I, 26–27

« Au sixième mois, l'ange Gabriel fut envoyé par Dieu dans une ville de Galilée, appelée Nazareth, auprès d'une vierge fiancée à un homme de la maison de David, nommé Joseph. Le nom de la vierge était Marie. »

IL A l'apparence d'un homme ; c'est un Ange de haut rang (il n'est pas Archange, semble-t-il) ; il se tient devant Dieu ; c'est un messager spécial de Dieu, et il a porté des messages de la plus haute importance à des êtres humains choisis par Dieu.

VII – LES VINGT-QUATRE VIEILLARDS

LE TRÔNE de Dieu :

Apocalypse I, 12–16

« Je me retournai pour savoir quelle était la voix qui me parlait. Et, après m'être retourné, je vis sept chandeliers d'or, et, au milieu des sept chandeliers, quelqu'un qui ressemblait à un fils d'homme, vêtu d'une longue robe, et ayant une ceinture d'or sur la poitrine. Sa tête et ses cheveux étaient blancs comme de la laine blanche, comme de la neige ; ses yeux étaient comme une flamme de feu ; ses pieds étaient semblables à de l'airain ardent, comme s'il avait été embrasé dans une fournaise ; et sa voix était comme le bruit de grandes eaux. Il avait dans sa main droite sept étoiles. De sa bouche sortait une épée aiguë, à deux tranchants ; et son visage était comme le soleil lorsqu'il brille dans sa force. »

Apocalypse IV [4], 4

« Autour du trône je vis vingt-quatre trônes, et sur ces trônes vingt-quatre vieillards assis, revêtus de vêtements blancs, et sur leurs têtes des couronnes d'or. »

Autour du Trône, vingt-quatre Vieillards ou Anciens, eux-mêmes assis sur des Trônes. Ces « Anciens » semblent être des conseillers de Dieu : donc Dieu ne dirige pas seul, Il a ses conseillers.

VIII – LES QUATRE ÊTRES VIVANTS ou LES « QUATRE VIVANTS »

Apocalypse V [5], 8

« Quand il eut pris le livre, les quatre êtres vivants et les vingt-quatre vieillards se prosternèrent devant l'Agneau, tenant chacun une harpe et des coupes d'or remplies de parfums, qui sont les prières des saints. »

Bible de Jérusalem

« Quand il l'eut pris, les quatre Vivants et les vingt-quatre Vieillards se prosternèrent devant l'Agneau [...] »

IL Y A ENCORE autour du Trône « quatre Vivants ».

v. 6–7

« Et je vis, au milieu du trône et des quatre êtres vivants et au milieu des vieillards, un Agneau qui était là comme immolé. Il avait sept cornes et sept yeux, qui sont les sept esprits de Dieu envoyés par toute la terre. Il vint, et il prit le livre de la main droite de celui qui était assis sur le trône. »

Bible de Jérusalem

« Alors je vis, debout entre le trône aux quatre Vivants et les Vieillards [...] »

Ces quatre Vivants sont différents des quatre Chérubins : car ils n'ont, semble-t-il, qu'une seule apparence (différente pour chacun), et six ailes.

Apocalypse IV [4], 6–8

« [...] Au milieu du trône et autour du trône, il y a quatre êtres vivants remplis d'yeux devant et derrière. Le premier être vivant est semblable à un lion, le second être vivant est semblable à un veau, le troisième être vivant a la face d'un homme, et le quatrième être vivant est semblable à un aigle qui vole. Les quatre êtres vivants ont chacun six ailes, et ils sont remplis d'yeux tout autour et au-dedans. [...] »

À noter que Dieu a créé des animaux physiques à leur image quand Il a créé les animaux de la Seconde Création (la Re-Création de

Genèse I, 3-31) :

Genèse I, 24-25

« Dieu dit : Que la terre produise des
animaux vivants selon leur espèce, du
bétail, des reptiles et des animaux
terrestres, selon leur espèce. Et cela fut
ainsi. Dieu fit les animaux de la terre
selon leur espèce, le bétail selon son
espèce, et tous les reptiles de la terre
selon leur espèce. »

Il a créé les lions, les bœufs, les
aigles...

Apocalypse VII [7], 10-12

« [...] disant : Le salut est à notre Dieu qui
est assis sur le trône, et à l'Agneau.
Et tous les anges se tenaient autour du
trône, des vieillards et des quatre êtres
vivants ; ils se prosternèrent sur leur face
devant le trône, et ils adorèrent Dieu, en
disant : Amen ! La louange, la gloire, la
sagesse, l'action de grâces, l'honneur, la
puissance, et la force, soient à notre
Dieu, aux siècles des siècles ! Amen ! »

IX – LES SÉRAPHINS

Ésaïe VI [6], 2

« Des séraphins se tenaient au-dessus de lui ; ils avaient chacun six ailes ; deux dont ils se couvraient la face, deux dont ils se couvraient les pieds, et deux dont ils se servaient pour voler. »

v. 6

« Mais l'un des séraphins vola vers moi, tenant à la main une pierre ardente, qu'il avait prise sur l'autel avec des pincettes. »

LES SÉRAPHINS : un certain type d'anges, caractérisé par six ailes ; ils semblent être auprès du Trône de Dieu.

X – LES ANGES

Apocalypse V [5], 11–13

v. 11

« Je regardai et j'entendis la voix de beaucoup d'anges autour du trône, des êtres vivants et des vieillards, et leur nombre était **des myriades de myriades**, et des milliers de milliers. »

ET AUSSI, autour du Trône, des Anges, un très grand nombre d'Anges.

Une myriade, dans l'Antiquité, c'est le nombre de dix mille. Une myriade de myriades, c'est (pris littéralement : 10.000 x 10.000 = 100.000.000) cent millions. Ce qui laisserait entendre qu'autour du Trône il y aurait plusieurs centaines de millions d'Anges. Par exemple, 500 millions, 1 milliard, ou plus. Et il y en a probablement autant ailleurs dans l'Univers et sur la Terre.

Sachant qu'un tiers des anges ont suivi Satan — Apocalypse XII [12],

4 — cela donnerait, en fourchette basse, des centaines de millions de démons sur la Terre : par exemple, 300, 500 millions, et peut-être même beaucoup plus. Mais, bien sûr, cela reste absolument et strictement du domaine de l'hypothèse, nous ne pouvons avancer avec autorité aucun chiffre précis.

Satan voulait élever son Trône au-dessus des étoiles de Dieu, s'asseoir sur la montagne de l'assemblée, à l'extrémité du septentrion — Ésaïe XIV [14], 13-14.

Il y a une hiérarchie d'autorités, de postes, de puissances chez les Anges. De même chez les démons, qui sont des anges déchus. Et Satan est le chef des anges déchus (Apocalypse XII [12], 7).

Actes VII [7], 55-56

Psaumes CIII [103], 20

« Bénissez l'Éternel, vous ses anges, Qui êtes puissants en force, et qui exécutez ses ordres, En obéissant à la voix de sa parole ! »

L'Univers abrite le visible et l'invisible. Un monde d'êtres spirituels vit auprès de Dieu, Lui obéit, loue ses œuvres puissantes, L'aide à réaliser ses desseins grandioses.

Or l'Homme a été créé pour se joindre à ce monde merveilleux et vivre en parfaite harmonie avec Dieu et sa Création spirituelle, pour ne faire qu'UN avec son Créateur...

CIV

Chapitre III
Première Création
de l'Univers et de la Terre

Table des matières
Chapitre III
Première Création de l'Univers et de la Terre

I – PREMIÈRE CRÉATION DE L'UNIVERS ET DE LA TERRE ; LUCIFER ET SES ANGES CHARGÉS DE S'OCCUPER DE LA TERRE

À UN MOMENT, Dieu a révélé aux Anges ses plans — la création d'un Univers matériel — et Il les a fait participer à l'élaboration de cet Univers matériel, le monde d'avant la rébellion de Lucifer. À l'avenir, nous-mêmes participerons à l'élaboration des plans divins, déjà dès le Millénium.

Puis ce fut terminé pour les projets, et Dieu est passé à l'exécution. C'est une fête quand on réalise, quand on termine un projet (Job XXXVIII [38], 7). Et chacun avait sa responsabilité, et Lucifer reçut un Trône. Dieu en créant l'Univers a permis aux Anges d'exercer la Loi divine et appliquer leurs connaissances. À l'origine, d'autres

Anges étaient chefs sous Lucifer, grand chef sur la Terre, lui-même sous Dieu — certains d'entre eux devinrent des chefs de démons : Daniel X [10], 13 & 20.

Genèse I, 1

« Au commencement, Dieu créa les cieux et la terre. »

Job XXXVIII [38], 4

« Où étais-tu quand je fondais la terre ? Dis-le, si tu as de l'intelligence. »

Job XXXVIII [38], 7

« Alors que les étoiles du matin éclataient en chants d'allégresse, Et que tous les fils de Dieu poussaient des cris de joie ? »

Apocalypse IV [4], 11

« Tu es digne, notre Seigneur et notre Dieu, de recevoir la gloire, l'honneur et la puissance ; car tu as créé toutes choses, et c'est par ta volonté qu'elles existent et qu'elles ont été créées. »

II – LES ANGES SUR LA TERRE ;
LA CHUTE ;
LA TERRE CHANGÉE

LA BIBLE témoigne de la longue histoire de la Terre. Nous trouvons le récit de sa première Création dans l'un des plus anciens livres de la Bible, le livre de Job, chapitre XXXVIII [38], versets 4 à 7.

Job XXXVIII [38], 4–7

« **Où étais-tu quand je fondais la terre** [...] Alors que les étoiles du matin éclataient en chants d'allégresse, Et que tous les fils de Dieu poussaient des cris de joie ? »

Ce récit laisse comprendre que la Terre fut créée avec une attention spéciale, dans un but précis et glorieux, et que les Anges eurent un rôle important à jouer dans le plan de Dieu pour cette planète à part : ils se réjouirent, poussèrent des cris de joie, ils se sentirent heureux et fiers devant la tâche qui leur incombait, ils étaient émerveillés de la beauté, de la magnificence de l'œuvre de Dieu. Ce texte, de toute évidence, parle de la première Création de la Terre, avant qu'elle ne subisse les conséquences de la révolte du Satan et ne devienne « tohu-bohu » (informe et vide)...

Poursuivons l'histoire commune de la Terre et des Anges dans le chapitreXXVIII [28] du livre du prophète Ézéchiel, à partir du verset 11 jusqu'au verset 16.

Ézéchiel XXVIII [28], 11–16

v. 13
« Tu étais en Éden, le jardin de Dieu »

Le récit porte à nouveau sur la période de la première Création (Genèse I, 1) lors de laquelle l'Éden s'étendait sur toute la Terre. Éden est le nom du paradis terrestre qui, pendant la toute première étape de l'existence de la Terre, couvrait toute la planète et devenait synonyme de celle-ci. Lors de cet Éden initial, la Terre était couverte de pierres étincelantes, une vie végétale magnifique vivait sur sa surface, et très probablement même une vie animale paisible, douce et bonne. Peut-être même fut-ce la seule planète de l'Univers à avoir cette vie végétale, car c'est cette planète unique qui fut un tel sujet de joie pour les Anges : confer Job XXXVIII [38], 4–7, surtout le verset 7.

Le Chérubin protecteur, qui devint plus tard Le Satan, était, avec une partie des Anges, chargé d'administrer la Terre, le jardin de Dieu. La Terre devint l'espace des Anges investis de la mission de préparer la planète pour son glorieux destin ; dans un certain sens elle était leur demeure.

Or, ces Anges ont quitté leur demeure, la Terre, la planète confiée par Dieu à leurs soins, et se sont lancés dans l'Univers, dans une tentative de s'emparer du pouvoir et du Trône de Dieu. Il s'ensuivit une guerre gigantesque dans l'Univers, mais ces Anges ne furent pas les plus forts, ils furent repoussés de l'Univers et précipités sur la Terre.

Le résultat du péché, c'est la destruction : celle-ci ravagea l'Univers qui se dérégla. Nous voyons encore partout dans l'Univers les traces et les conséquences de ce titanesque combat : l'espace intersidéral est parcouru de poussières, météorites, astéroïdes ; les étoiles explosent ; des trous noirs détruisent tout sur leur passage ; les planètes de notre système solaire sont désolées, dévastées, couvertes des cratères résultant de la pluie de météorites qui les a frappées, ceci est même visible de la Terre avec un télescope quand on examine la Lune.

Ces anges déchus, repoussés et précipités sur la Terre qu'ils avaient quittée, devinrent des démons, et le Chérubin protecteur devint Le Satan.

Il est important de noter que la destruction finale de la Terre — Terre qui restera alors longtemps dévastée comme l'indique Genèse I, 2 — peut avoir, et a probablement eu lieu longtemps après la révolte et la chute elles-mêmes.

Ézéchiel XXVIII [28], 15–16

« Tu as été intègre dans tes voies, Depuis le jour où tu fus créé Jusqu'à celui où l'iniquité a été trouvée chez toi. Par la grandeur de ton commerce Tu as été rempli de violence, et tu as péché ; Je te précipite de la montagne de Dieu, Et je te fais disparaître, chérubin protecteur, Du milieu des pierres étincelantes. »

Ésaïe XIV [14], 12–14

« Te voilà tombé du ciel, Astre brillant, fils de l'aurore ! [...] Tu disais en ton cœur : Je monterai au ciel, J'élèverai mon trône au-dessus des étoiles de Dieu ; Je m'assiérai sur la montagne de l'assemblée, À l'extrémité du septentrion ; Je monterai sur le sommet des nues, Je serai semblable au Très-Haut. »

Apocalypse XII [12], 4

« Sa queue [le grand dragon rouge feu] entraînait le tiers des étoiles du ciel, et les jetait sur la terre. »

Luc X [10], 18

« Jésus leur dit : Je voyais Satan tomber du ciel comme un éclair. »

Immédiatement après que ces anges déchus furent précipités sur la Terre, la beauté de la Terre s'est ternie, les pierres précieuses et étincelantes à sa surface devinrent rares ou enterrées (donc non visibles), la vie végétale s'est déréglée et perdit sa splendide beauté d'origine, et la vie animale d'origine subit un changement majeur : les animaux furent transformés et devinrent de monstrueuses bêtes (ces fameuses bêtes préhistoriques ! qui ont bel et bien existé sur la Terre de Satan avant la création de l'Homme), car le salaire du péché c'est la déchéance et la destruction. À noter qu'au début du Millénium — où Satan et ses démons seront emprisonnés — la vie animale fera le chemin inverse (Ésaïe XI [11]) :

Ésaïe XI [11], 6–8

Bible Annotée Neuchâtel

« 6 Le loup habitera avec l'agneau, et la panthère gîtera avec le chevreau ; le veau, le lionceau et le bœuf gras seront ensemble, et un petit garçon les conduira. 7 La vache paîtra avec l'ourse, leurs petits gîteront ensemble ; et le lion mangera du fourrage comme le bœuf. 8 Le nourrisson s'ébattra sur le trou de la vipère, et l'enfant sevré mettra sa main sur la prunelle du basilic. »

Relisons le chapitre XII [12] de l'Apocalypse, versets 1 à 9, gardant bien présent à l'esprit que la place de ces anges n'est pas dans le Ciel, mais bien sur la Terre, où ils retournèrent après leur première révolte réprimée par Dieu. Ce retour des esprits déchus entraîna des changements profonds sur la Terre, amenant une vie violente que plus tard Dieu fut amené à détruire complètement.

Puis Dieu recréa la Terre dans une deuxième Création, relatée de Genèse I, 3 à II, 25. L'histoire mouvementée de la relation des anges à la Terre recommença, et elle n'est pas encore terminée.

Dans le tout dernier Temps de la Fin, les démons essaieront de nouveau, dans une ultime tentative, de monter à l'assaut du Ciel !

Apocalypse XII [12], 7–9

« Et il y eut guerre dans le ciel. Michel et ses anges combattirent contre le dragon. Et le dragon et ses anges combattirent, mais ils ne furent pas les plus forts, et leur place ne fut plus trouvée dans le ciel. Et il fut précipité, le grand dragon, le serpent ancien, appelé le diable et Satan, celui qui séduit toute la terre, il fut précipité sur la terre, et ses anges furent précipités avec lui. »

Daniel XII [12], 1

« En ce temps-là se lèvera Micaël, le grand chef, le défenseur des enfants de ton peuple ; et ce sera une époque de détresse, telle qu'il n'y en a point eu de semblable depuis que les nations existent jusqu'à cette époque. En ce temps-là, ceux de ton peuple qui seront trouvés inscrits dans le livre seront sauvés. »

Mais les messagers fidèles de Dieu — les Anges fidèles — nous accompagneront dans notre grandiose destinée dans laquelle dès à présent ils plongent leurs regards émerveillés ! (I Pierre I, 12).

III – RÉBELLION DE LUCIFER ET D'UN TIERS DES ANGES ; COMBATS DANS LE CIEL

LUCIFER avait des responsabilités fantastiques. À lui et à ses Anges fut donnée la possibilité de gouverner la Terre, puis l'Univers, conformément au dessein de Dieu. À un moment donné, il a exercé son libre arbitre, de la mauvaise façon, avec des conséquences gigantesques. Il a alors attiré dans ses combines, et sous sa responsabilité, le tiers des Anges (Apocalypse XII [12], 3-4 : « la séduction spirituelle au ciel ») — sous ce nom d'« Anges » nous comprenons ici toute l'armée des Cieux. Puis la rébellion est arrivée, et il a entraîné tout ce monde sous lui dans un « coup d'État ».

Ésaïe XIV [14], 12-14

« Te voilà tombé du ciel [cela est arrivé à deux reprises], Astre brillant, fils de l'aurore ! Tu es abattu à terre, Toi le vainqueur des nations ! Tu disais en ton cœur : Je monterai au ciel, J'élèverai mon trône au-dessus des étoiles de Dieu ; Je m'assiérai sur la montagne de l'assemblée, À l'extrémité du septentrion ; Je monterai sur le sommet des nues, Je serai semblable au Très-Haut. »

Lucifer et ses Anges ont alors quitté la Terre où Dieu les avait placés ; ils se sont rués dans le Ciel et l'Univers pour tenter d'attaquer le Trône de Dieu, au Septentrion de l'Univers.

Jude VI [6]

« qu'il a réservé pour le jugement du grand jour, enchaînés éternellement par les ténèbres, les anges qui n'ont pas gardé leur dignité, mais qui ont abandonné leur propre demeure. »

Les traces de ce gigantesque combat sont visibles dans tout l'Univers qui est en ruine. Regardez la Lune : elle est criblée de cratères, elle a été bombardée par des pluies de météorites. Elle n'est, à l'heure présente, que ruine et poussière.

Même chose pour les autres planètes du système solaire. Il en est de même de tout l'Univers qui présente tous les signes d'un grand bombardement, d'une grande destruction universelle, suite à une guerre immense dans l'Univers entre, d'une part Satan et ses anges, et d'autre part Dieu et les Anges fidèles. L'univers est laid et EFFRAYANT ; les planètes sont dévastées, mortes ; des poussières, des débris et des météorites foncent dans l'étendue intersidérale ; des « trous noirs » ravagent tout sur leur passage — et certains des plus grands astronomes pensent maintenant qu'il existe un « méga trou noir » !

Dieu n'est pas l'auteur du chaos, mais de la perfection (Job XXXVIII [38], 4–7). Le résultat ultime du péché a toujours été la destruction et la mort : le résultat de la révolte des Anges et de Lucifer a été la dévastation de l'Univers et de la Terre. Or nous ne voyons pas présentement que la Terre soit dans l'état de la Lune ou de Mars ! Justement ! elle a été renouvelée par Dieu, re-créée, comme nous le verrons plus loin, pour accueillir l'Homme.

Ézéchiel XXVIII [28], 15–17

« Tu as été intègre dans tes voies, Depuis le jour où tu fus créé Jusqu'à celui où l'iniquité a été trouvée chez toi. Par la grandeur de ton commerce Tu as été rempli de violence, et tu as péché ; Je te précipite de la montagne de Dieu, Et je te fais disparaître, chérubin protecteur, Du milieu des pierres étincelantes. Ton cœur s'est élevé à cause de ta beauté, Tu as corrompu ta sagesse par ton éclat ; Je te jette par terre »

Lucifer a été précipité du gouvernement de Dieu, enlevé du milieu des pierres étincelantes. La gloire de Dieu est liée aux pierres étincelantes (des pierres qui brûlent). Ézéchiel X [10], 2 : "charbons ardents" et "pierres étincelantes" sont les mêmes mots en hébreu.

Lucifer fut alors confiné sur la Terre avec ses anges (une Terre dévastée, en ruine) après avoir créé la pagaille dans tout l'Univers. Son nom est alors devenu Satan (l'Adversaire), le diable, le dragon.

Luc X [10], **18**

« Jésus leur dit : Je voyais Satan tomber du ciel comme un éclair. »

Il Pierre II, 4

« Car, si Dieu n'a pas épargné les anges qui ont péché, mais s'il les a précipités dans les abîmes de ténèbres et les réserve pour le jugement »

Apocalypse XII [12], **3-4**

« [...] et voici, c'était un grand dragon rouge feu [...] Sa queue entraînait le tiers des étoiles du ciel, et les jetait sur la terre. »

La Bible indique qu'aux Temps de la Fin Satan tente une nouvelle fois d'attaquer la forteresse des Cieux (la forteresse de Dieu et Son pouvoir) :

Apocalypse XII [12], **7-9**

« Et il y eu guerre dans le ciel. Michel et ses anges combattirent contre le dragon. Et le dragon et ses anges combattirent, mais ils ne furent pas les plus forts, et leur place ne fut plus trouvée dans le ciel. Et il fut précipité, le grand dragon, le serpent ancien, appelé le diable et Satan, celui qui séduit toute la terre, il fut précipité sur la terre, et ses anges furent précipités avec lui. »

Une seconde fois — dans une dernière tentative — Satan et ses démons s'élancent dans le Ciel pour détrôner Dieu. Le diable et ses anges iniques, qui jadis tentèrent d'envahir le Trône céleste de Dieu — avant la création de l'Homme — partent à nouveau en guerre contre Dieu pour le vaincre. Une fois de plus, Satan perd cette bataille. Cette bataille semble moins forte que la première, car l'Univers n'est pas dévasté comme lors du premier combat entre Dieu et l'Adversaire ; ou bien parce que Dieu maintient l'Univers et la Terre à cause de la présence de l'Homme, cette fois-ci...

IV – LA TERRE DEVIENT VIOLENTE ; PREMIER GRAND DÉLUGE

COMME conséquence du péché (la rébellion de Satan et ses anges) la Terre est maudite par Dieu, les animaux voient leur nature changée. C'est maintenant la Terre de Satan, laide, pleine de violence. De monstrueux animaux, laids et méchants [beaucoup d'animaux carnivores] errent sur la Terre : ce sont ces fameux animaux préhistoriques du monde préadamite. Cette situation a perduré un temps possiblement extrêmement long. Jusqu'à ce que, en conséquence ultime du péché et de la révolte angélique, Dieu anéantisse toute vie et recouvre d'eau la surface de la Terre. Nous sommes — maintenant — arrivés à Genèse I, 2.

Genèse I, 2

Version Segond

« La terre était informe et vide ; il y avait des ténèbres à la surface de l'abîme, et l'Esprit de Dieu se mouvait au-dessus des eaux. »

Bible de Jérusalem

« Or la terre était vide et vague, les ténèbres couvraient l'abîme et un souffle de Dieu agitait la surface des eaux. »

Sur cette période capitale, voir aussi le début du chapitre IV « Re-Création de la Terre » ainsi que tout le chapitre XII « Darwin ou Dieu ».

LA TERRE est complètement dévastée : Premier Grand Déluge, le plus grand, extrêmement violent ; la Terre reste submergée un temps probablement très important (et inconnu à ce jour) ; il peut y avoir eu des centaines d'années (voir également chapitre XII « Darwin ou Dieu », fin du sous-chapitre IV, *Un documentaire-reportage troublant...*)

Des traces et vestiges de ce cataclysme majeur sont visibles sur la Terre.

Pour exemple, citons le Grand Canyon, en Arizona, États-Unis, appelé aussi Grand Canyon du Colorado. Sur une distance de plus de 320 kilomètres, les gorges du Colorado peuvent atteindre des profondeurs maximales de 2.000 mètres, sur une largeur variant de 1,5 à 30 km de large. L'ampleur de cette gigantesque curiosité de la nature laisse perplexe. Il est difficile d'imaginer, même si la roche est constituée de sédiments essentiellement calcaires, que le "petit" Colorado actuel ait pu creuser un canyon aussi gigantesque ! **Le Grand Canyon fait bien plus penser à l'action de ce Premier Déluge** dont nous parlons, et dont les courants et mouvements d'eau effroyables sont tout à fait de nature à avoir creusé ce Grand Canyon dont on peut lire toute la violence et la puissance sur ses parois. (Et même pas le Second Déluge — celui de Noé — beaucoup moins extrême et d'une durée d'une année seulement.)

De même, le charbon, le pétrole, le gaz (ces énergies dites fossiles) sont les vestiges du Premier Déluge.

L'ambre aussi. L'ambre n'a pas été créée en tant que telle : c'est une résine fossilisée (l'ambre jaune) provenant des énormes forêts de conifères englouties dans la boue du côté de la Baltique. Il y a parfois, emprisonnés dans la résine, des bulles d'air, des grains de sable, des insectes, des débris végétaux, témoins d'un monde englouti, qui parfois ressemblent beaucoup à des espèces de notre monde actuel, ce qui montre aussi la continuité de la pensée de Dieu.

Tout cela montre et démontre non pas seulement Le Premier Déluge mais un cataclysme global et total : les éléments se sont déchaînés à la surface de la Terre : le feu des volcans, des tremblements de terre monstrueux, les fonds océaniques (plateaux, abysses, dorsales) qui remontent, l'air et le ciel qui se transforment en chutes d'eau, en trombes d'eau, l'eau qui submerge tous les continents jusqu'à dépasser les sommets des montagnes...

Sur ce dernier point — le Déluge — « Comment est-ce possible ? » C'est même tout à fait possible en très peu de temps : le Second Déluge n'a pris que 40 jours pour submerger le monde entier.

Genèse VII [7], 11–12

« en ce jour-là toutes les sources du grand abîme jaillirent, et les écluses des cieux s'ouvrirent. La pluie tomba sur la terre quarante jours et quarante nuits. »

Si, par exemple, les fonds de l'Océan Pacifique, de l'Océan Indien, de l'Océan Atlantique remontent de plusieurs milliers de mètres, l'eau submergera tous les continents d'autant !

Ce Premier Grand Déluge cataclysmique détruisit <u>totalement</u> la Terre. Au point que Dieu devra tout recréer : la verdure et les arbres, les poissons, les oiseaux, les animaux de la Terre (voir Genèse I, 3–25).

Tandis que le Second Déluge — celui de Noé — ne détruira pas tous les poissons, ni les espèces des animaux et oiseaux de la Terre sauvées dans l'arche. Qu'est-ce que la colombe envoyée par Noé ramène ? Une branche d'olivier verte, dans son bec, prouvant que la végétation n'était pas morte sous les eaux, mais déjà repartie.

Genèse VIII [8], 10-11

« Il attendit encore sept autres jours et
lâcha de nouveau la colombe hors de
l'arche. La colombe revint à lui sur le
soir ; et voici, une feuille d'olivier
arrachée était dans son bec. »

Bible de Jérusalem

« La colombe revint vers lui sur le soir et
voici qu'elle avait dans le bec un rameau
tout frais d'olivier ! »

CXXX

Chapitre IV
Re-Création de la Terre

CXXXII

Table des matières
Chapitre IV
Re-Création de la Terre

CXXXIV

I – UNE RE-CRÉATION DE LA TERRE

LE TOUT DÉBUT de la Bible (Genèse I, 2) conte le résultat de la convoitise de Lucifer, lequel "n'en avait pas assez" avec la mission magnifique que Dieu lui avait réservée. Satan n'a pas été créé pour être Dieu, ou devenir Dieu, mais Lucifer devenu Satan convoitait la suprématie de Dieu, et il partit avec ses anges à l'assaut du Ciel (Ézéchiel XXVIII [28], 16 ; Ésaïe XIV [14], 12–14). Satan et ses démons, vaincus, furent précipités sur la Terre qu'ils avaient abandonnée, déclenchant un désastre écologique sans précédent dans l'Univers et sur la Terre.

Genèse I, 1

« Au commencement, Dieu créa les cieux et la terre. »

« Au commencement » : le commencement de la Création "physique" (bien auparavant, Dieu avait créé "le monde spirituel") ;

« Les cieux » : c'est au pluriel, c'est tout l'Univers physique, tout l'Univers a été amené à l'existence en même temps que la Terre.

Genèse I, 2

« La terre était informe et vide ; il y avait des ténèbres à la surface de l'abîme, et l'Esprit de Dieu se mouvait au-dessus des eaux. »

Job XXXVIII [38], **4 & 7** laisse clairement entendre que la Terre n'a pas, à l'origine, été créée informe et vide, dans l'état décrit par **Genèse I, 2**.

Job XXXVIII [38], 4 & 7

« Où étais-tu quand je fondais la terre ? Dis-le, si tu as de l'intelligence [...] **Alors que les étoiles du matin éclataient en chants d'allégresse, Et que tous les fils de Dieu poussaient des cris de joie** »

GENÈSE I, 1 sous-entend une Création parfaite. Dieu est l'auteur de la vie, de la beauté et de la perfection.

Satan, lui, n'a amené que des ténèbres, de la laideur, de l'imperfection et de la violence.

Le premier verset parle de la création d'une Terre parfaite, radieuse et belle. Le deuxième verset révèle ce qui résulta du péché des anges.

« La terre était [devint] informe et vide » : les mots « informe et vide » sont la traduction des mots hébreux « tohu et bohu », qui peuvent se traduire par « désolé, dévasté, vide, chaotique, dans la confusion ». En d'autres termes, la Terre qui, à l'origine, avait été créée parfaite était devenue chaotique, désolée et vide, comme notre Lune actuelle, sauf que sa surface était recouverte d'eau.

À ce sujet, vous pouvez aussi voir, pour plus d'informations, le chapitre III « Première Création de l'Univers et de la Terre », ainsi que le chapitre XII « Darwin ou Dieu ».

À partir du verset 3 le restant du 1er chapitre de la Genèse ne décrit pas la création originelle de la Terre. Il y est question du renouvellement de la surface de la Terre, après que celle-ci soit devenue désolée et vide par suite du péché des anges. Ce qui est décrit à partir du verset 3 s'est produit, il y a, en fait, seulement environ 6.000 ans ; mais ce peut être un temps extrêmement important après la création originelle de la Terre et de l'Univers telle que le premier verset la décrit.

Genèse I, 9–10

Bible de Jérusalem

« Dieu dit : « Que les eaux qui sont sous le ciel s'amassent en un seul endroit et qu'apparaisse le continent » et il en fut ainsi. Dieu appela le continent « terre » et la masse des eaux « mers », et Dieu vit que cela était bon. »

Sur la question de cette durée de 6.000 années, voir chapitre I « Chronologie Globale », sous-chapitre VII « 6.000 années allouées aux civilisations humaines ».

Psaumes CIV [104], 6–9

« **Tu l'avais couverte de l'abîme** [les eaux] **comme d'un vêtement, Les eaux**

s'arrêtaient sur les montagnes ; Elles ont fui devant ta menace, Elles se sont précipitées à la voix de ton tonnerre. Des montagnes se sont élevées, des vallées se sont abaissées, Au lieu que tu leur avais fixé. Tu as posé une limite que les eaux ne doivent point franchir, Afin qu'elles ne reviennent plus couvrir la terre. »

Psaumes CIV [104], 30

« Tu envoies ton Esprit : ils sont créés, Et **tu renouvelles la face de la terre**. »

Genèse I, 3

« Dieu dit : Que la lumière soit ! Et la lumière fut. Dieu vit que la lumière était bonne ; et Dieu sépara la lumière d'avec les ténèbres. »

La lumière désigne aussi la vérité, la justice, la voie spirituelle, tandis que les ténèbres recouvrent l'aveuglement, l'erreur, la désolation, la pagaille (voir verset 2).

Genèse I, 14

« Dieu dit : Qu'il y ait des luminaires dans l'étendue du ciel, pour séparer le jour d'avec la nuit ; que ce soient des signes

pour marquer les époques, les jours et
les années »

Verset 14 : avec le verset 14 de la
Genèse, Dieu établit le calendrier — une
voie de plus pour la relation entre le
Créateur et l'homme dans le sens
profond et éternel des Fêtes de Dieu
définies selon le calendrier des
luminaires célestes.

II – CRÉATION DE L'HOMME

L'HOMME fut créé à partir de la poussière de la Terre : une planète pour l'homme, l'homme pour la planète...

LA TERRE ; le paysage familier, les vents et les parfums — autant d'éléments essentiels de notre bien-être, de notre bonheur ; la vie y prend son sens profond, son horizon, sa plénitude ; la Terre est le cadre parfait de notre relation avec Dieu — elle nous donne la vraie mesure de notre petitesse, elle réveille en nous le sens de la grandeur divine ; elle subit et rend évidente notre transgression de la Loi divine — une loi dont la Terre est l'expression matérielle la plus éloquente ; plus grande que nous, elle nous suivra dans la gloire, puisque nous, poussière terrestre (Genèse II, 7 ; Ecclésiaste XII [12], 9), abritons d'ores et déjà la gloire de Dieu, dans la mesure bien sûr de notre relation avec Lui, et la Terre se prépare à ce même sort enviable, attendant le Retour du Roi ; la planète et ceux qui l'habitent sont habités du même espoir immense et grandiose qui descendra des cieux sur une petite planète créée pour tant de créatures, petites elles aussi, les unes dans leurs péchés, d'autres dans leur humilité devant le grand destin que Dieu a préparé pour elles et pour l'Univers entier.

Genèse, chapitres I et II : à noter que le chapitre II reprend les événements du chapitre I en les développant.

Genèse I, 21,24 : Dieu créa les poissons, les oiseaux, les animaux « selon leur espèce ».

« Selon leur espèce » : **Dieu parle d'"espèces", que l'homme donc ne parle pas d'Évolution !**

v. 27
« Dieu créa l'homme à son image, il le créa à l'image de Dieu, il créa l'homme et la femme. »

Dieu n'a pas créé l'homme selon une espèce animale, Dieu lui a donné les caractéristiques de sa propre nature tout en le créant comme être physique en lequel, Lui, Son Créateur, va se reproduire.

Adam et Ève ont été créés comme des représentants adultes de la race humaine, avec l'esprit développé d'humains adultes.

III – CRÉATION DE LA FEMME

« L'Éternel Dieu dit : Il n'est pas bon que l'homme soit seul ; je lui ferai une aide semblable à lui. »

EST-CE QUE DIEU soudainement se serait rendu compte que l'homme, qu'Il venait de créer, avait besoin d'aide ?! Évidemment que non. Le nom « aide » indique que les deux se complètent mutuellement. Genèse I, 27 : les deux sexes ont besoin l'un de l'autre ; c'est pourquoi l'idée d'une aide se rapporte aux deux. Adam a été créé le sixième jour, après les animaux : donc la journée était déjà bien avancée. Au plus, Ève a été créée quelques heures après l'homme. <u>Donc</u> tout cela faisait partie d'un plan mûrement réfléchi et minutieusement préparé dans ses moindres détails.

Genèse II, 3

« Dieu bénit le septième jour, et il le sanctifia, parce qu'en ce jour il se reposa de toute son œuvre qu'il avait créée en la faisant. »

Le septième jour de la Création célèbre l'union de grâce et de bénédiction, l'union bienfaisante entre le Créateur et la Création. C'est la présence de Dieu dans le septième jour qui rend ce jour saint. Ce premier « septième jour » Dieu a cessé de faire les œuvres physiques, et s'est reposé dans le spirituel, notamment dans le dialogue avec Adam et Ève. En ce jour-là, Dieu les introduisit dans la connaissance spirituelle et cette connaissance resta gravée dans l'esprit des êtres humains. La femme aussi a reçu cette connaissance. « Dieu leur dit » : Dieu leur donna tout de suite ce qu'ils avaient besoin de savoir (**Genèse I, 28 ; II, 16–17**). Dieu a toujours donné la connaissance qu'il fallait.

Genèse II, 7

« L'Éternel Dieu forma l'homme de la poussière de la terre, il souffla dans ses narines un souffle de vie et l'homme devint une âme vivante. »

v. 8

« Puis l'Éternel Dieu planta un jardin en Éden, du côté de l'orient, et il y mit l'homme qu'il avait formé. »

Genèse II, c'est le deuxième groupe de lois : **les lois spirituelles** (tandis que Genèse I est principalement les lois physiques, qui gèrent la matière et la vie) :

1) Un ordre donné à l'Homme : ce sont les rapports entre Dieu et l'Homme ;

2) Le Mariage : ce sont les rapports entre Adam et Ève. Verset 25 (fin) : l'homme et la femme n'étaient pas dans la confusion, tout fonctionne bien.

IV – L'ARBRE DE LA VIE

Genèse II, 9

« L'Éternel fit pousser du sol des arbres de toute espèce, agréables à voir et bons à manger, **et l'arbre de la vie au milieu du jardin**, **et l'arbre de la connaissance du bien et du mal**. »

L'ARBRE DE LA VIE, c'est la connaissance spirituelle **révélée** de Dieu.

L'arbre de la connaissance du bien et du mal, ce sont aussi une connaissance et une attitude spirituelles, mais acquises par l'homme lui-même : ainsi ont été créées les philosophies et les religions du monde, ainsi ont été créées les théories et les hypothèses de la science humaine.

L'arbre de la vie, c'est le Saint-Esprit, la puissance spirituelle de Dieu qui nous lie à Lui et nous présente Sa vision, Son point de vue. Si Adam avait pris de l'arbre de la vie, plutôt que de l'arbre interdit de la connaissance du bien et du mal, Dieu n'aurait pas donné immédiatement à Adam la vie éternelle, mais son esprit qui mène à la vie.

v. 16–17

« L'Éternel Dieu donna cet ordre à l'homme : Tu pourras manger de tous les arbres du jardin ; mais tu ne mangeras pas de l'arbre de la connaissance du bien et du mal, car le jour où tu en mangeras, tu mourras certainement. »

Cette équation spirituelle : « **manger de ce fruit-là = la mort** » est la même que dans **Romains VI** [6]**, 23**. Dans le jardin, tous les arbres appartenaient à Dieu, mais cet arbre-là, bien que Dieu l'ait planté aussi, c'était l'arbre de Satan, son arbre dont il était le propriétaire, son unique produit : le mal, le péché. Dieu a parlé des fruits des arbres d'Éden et avait prévenu l'homme que les fruits de cet arbre-ci n'étaient pas bons.

Romains VI [6], 23

« Car le salaire du péché, c'est la mort ; mais le don gratuit de Dieu, c'est la vie éternelle en Jésus-Christ notre Seigneur. »

Satan a attaqué en publicitaire génial : mais non, en mangeant de mon produit, il n'y a aucun effet secondaire, et il est même tellement formidable que si vous le prenez, vous serez les meilleurs au monde, comme Dieu Lui-même !

Dieu, en premier, a donné à l'homme la bonne voie, la bonne instruction, avant de lâcher Satan. L'utilisation de Satan aussi fait partie du plan de Dieu, pour permettre que l'homme soit mis à l'épreuve, pour contraindre l'homme de choisir. Adam et Ève connaissaient la volonté de Dieu et savaient exactement ce qu'ils devaient ou ne devaient pas faire. Dieu les a créés comme des gens mûrs, et leur a donné la connaissance et la compréhension qui caractérisent l'âge mûr.

Mais, dès le lendemain, Satan leur a donné une autre connaissance spirituelle, ce qui implique le choix.

V – CHUTE DE L'HOMME ET DE LA FEMME

LA CHUTE ; la Terre est maudite ; de nombreux animaux deviennent dangereux.

Satan a tout de suite commencé à transmettre sa nature à la Création (notamment, le serpent).

Le premier point, c'est le doute.

Genèse III, 1

« Le serpent était le plus rusé de tous les animaux des champs, que l'Éternel Dieu avait faits. Il dit à la femme : Dieu a-t-il réellement dit : Vous ne mangerez pas de tous les arbres du jardin ? »

Ensuite, il transmet le mensonge.

v. 4
« Alors le serpent dit à la femme : Vous ne mourrez point »

Puis, flatter la vanité...

v. 5

« mais Dieu sait que, le jour où vous en mangerez, vos yeux s'ouvriront, et que vous serez comme Dieu, connaissant le bien et le mal. »

L'Adversaire de Dieu commence avec un mensonge, puis il flatte la vanité. Satan transmet à l'homme les traits de sa nature : c'est le commencement de la nature humaine diabolique, telle que nous la connaissons aujourd'hui.

v. 6

« La femme vit que l'arbre était bon à manger et agréable à la vue, et qu'il était précieux pour ouvrir l'intelligence ; elle prit de son fruit, et en mangea ; elle en donna aussi à son mari, qui était auprès d'elle, et il en mangea. »

Ève a décidé qu'il fallait qu'elle élargisse son champ d'action... Le discours du serpent lui a paru logique, sensé, tenir debout, acceptable. Elle a supposé le résultat, et elle a supposé que le résultat serait bon, seulement sur la parole de Satan, sans aucune preuve.

Il faut aussi comprendre que les quelques versets relatés ne sont qu'un résumé d'une longue et incroyable conversation. La conséquence de ce dialogue — le dialogue entre le serpent [Satan] et les humains — est, par exemple, **Genèse III, 7**, à l'exact opposé de **Genèse II, 25**. Ce changement de comportement d'Adam et d'Ève n'est arrivé que d'une façon progressive.

Genèse II, 25 décrit les rapports initiaux du couple matrimonial dans son intimité. Et le couple dans l'intimité du mariage n'a nulle raison d'avoir honte. Dieu leur avait dit que, par conséquence de Sa bénédiction, ils sont devenus une famille, et il n'y avait pas de honte dans le fait qu'ils étaient nus malgré la différence du sexe.

Ils ont choisi de suivre la mauvaise connaissance et l'ont appliquée. Et ce faisant, ils ont basculé et se sont rangés dans le camp de Satan et il y a eu tout de suite dans leur esprit un déclic (**verset 7**). Au lieu de la paix dans leur conscience arriva la honte car leur conscience était désormais sous le pouvoir de Satan. Ce déclic fut un point tournant pour l'esprit qui était en eux. Leurs yeux étaient maintenant ouverts à Satan et à la connaissance du bien et du mal. Et leurs yeux étaient fermés à l'esprit de Dieu, leur esprit fermé.

Verset 11 « Qui t'a appris » : ils ont appris quelque chose, il y a eu transmission de mauvaise connaissance. Une fois la porte un peu ouverte, Satan y met les pieds, et ouvre alors en grand la porte, et le reste de la connaissance mauvaise afflue. L'homme a alors un tableau de plus en plus flou (**II Corinthiens XI** [11]**, 3**) et leur esprit obscurci et désorienté quitta la simplicité et la pureté qui les liait à Dieu.

II Corinthiens XI [11], 3

« Toutefois, de même que le serpent séduisit Ève par sa ruse, je crains que vos pensées ne se corrompent et ne se détournent de la simplicité à l'égard de Christ. »

VI – LE SERPENT

LE SERPENT est aussi dans la malédiction.

v. 15

« Je mettrai inimitié entre toi et la femme, entre ta postérité et sa postérité : celle-ci t'écrasera la tête, et tu lui blesseras le talon. »

Dans le temps, Christ allait mettre Satan hors d'état de blesser le monde : Jésus-Christ allait avoir le dessus dans cette lutte acharnée. C'est le premier texte concret de l'Ancien Testament qui prophétise sur le Sauveur, un descendant de la femme qui écrasera Satan et qui sauvera l'homme de son influence (Satan) et de son pouvoir. La grâce promise à la femme — de mettre au monde le Sauveur.

« Tu lui blesseras le talon » : Satan essaiera par Hérode de tuer le petit enfant Jésus ; puis Satan tente le Christ dans le désert ; puis il influencera les hommes à crucifier Jésus-Christ. Et Satan a séduit le monde et créé la souffrance, la peine. Puis Satan utilisera, à la Fin des Temps, la Bête et le Faux Prophète pour créer la pagaille et une destruction inouïe.

« Celle-ci t'écrasera la tête » : Jésus-Christ, à Harmaguédon, jettera la Bête et le Faux Prophète dans l'étang de feu (**Apocalypse XIX** [19]**, 20**). Puis, le Diable sera lié et jeté dans l'abîme (**Apocalypse XX** [20]**, 1–3**). Enfin, après six mille ans de ténèbres, sur la Terre éclateront la lumière et la vérité spirituelles.

VII – TOUTE L'HORREUR DU MONDE...

L'HOMME a pris du fruit défendu, et par le fait même le pouvoir de décider lui-même du bien et du mal. En conséquence, Dieu a décidé de laisser l'homme pendant 6.000 ans libre d'agir selon ses propres souhaits afin d'être persuadé que cette attitude ne mène à rien et que son résultat ce sont la ruine, la souffrance et la mort.

Genèse III, 16–19

Le verdict prononcé par Dieu est le résultat et la conséquence du péché d'Adam et Ève.

v. 16

« J'augmenterai la <u>souffrance</u> de tes grossesses, tu enfanteras avec <u>douleur</u> »

Mais c'est beaucoup plus vaste que ce qui est mentionné dans le contexte.

v. 17

« Il dit à l'homme : Puisque tu as écouté

la voix de ta femme, et que tu as mangé de l'arbre au sujet duquel je t'avais donné cet ordre : Tu n'en mangeras point ! le sol sera maudit à cause de toi. C'est à force de peine que tu en tireras ta nourriture tous les jours de ta vie »

Version Darby

« tu en mangeras [en travaillant] péniblement tous les jours de ta vie. »

« Souffrance, douleur, peine (péniblement) », ces mots, en hébreu, ont la même racine, donc le même sens.

Dieu leur montre le salaire du péché : c'est la souffrance. Dieu est en train de leur dire : pour vous, l'homme et la femme, la vie va être dure. La vie de l'humanité va être dure pendant 6.000 ans ; la souffrance de la femme lors de l'accouchement et la peine de l'homme travaillant la terre symbolisent une vie de souffrance toute entière.

Des chardons et des épines l'homme va arracher ce qui est nécessaire à sa survie. Les conséquences de leur péché mèneraient à des conquêtes incertaines, le plus souvent mauvaises, plutôt négatives, en se dégradant jusqu'à **Matthieu XXIV** [24] pour atteindre la souffrance la plus profonde et sans issue, jusqu'au point de non-retour.

Toute l'horreur du monde d'aujourd'hui, Dieu l'avait prévue et prophétisée à Adam et Ève dès le début.

v. 19

« C'est à la sueur de ton visage que tu mangeras du pain, jusqu'à ce que tu retournes dans la terre, d'où tu as été pris. »

Dieu a voulu enfoncer la leçon : pendant 6.000 ans, ce sera la peine de vos vies. Et le point culminant de la souffrance, des douleurs, ce sera les 5e et 6e Trompettes (**Apocalypse VIII** [8], **13** ; et **chapitre IX** [9]) et pour terminer la 7e Trompette qui introduit le Retour du Christ et les 7 derniers fléaux (**Apocalypse XI** [11], **15–19** ; et **chapitres XV** [15] **& XVI** [16]) — les sept coupes de la colère de Dieu — sur la Terre. À la 7e Trompette, le bateau « Terre » chavire, et Christ intervient, prenant en ses propres mains le destin de la planète.

VIII – DES PENSÉES VERS DIEU

Après cette « prophétie » qui nous mène finalement sur le chemin de l'espoir pour l'avenir, retournons au passé lointain, en Éden, au jour de la chute de l'homme et de la femme, au jour où Adam et Ève trahirent l'espoir de leur Créateur.

Genèse III, 22

« Empêchons-le maintenant d'avancer sa main, de prendre de l'arbre de vie, d'en manger, et de vivre éternellement. »

Le premier péché d'Adam et Ève les a coupés de la puissance de Dieu — le Saint-Esprit. Tous les autres hommes ont péché (**Romains V** [5]**, 12**), et tout le monde a été coupé du Saint-Esprit. Mais en dépit du fait qu'Adam et Ève étaient coupés du Saint-Esprit, ils pouvaient toujours avoir un certain contact avec Dieu, qui même leur a parlé. Et Dieu a parlé avec l'ancien Israël. Jésus-Christ lors de son premier avènement sur la Terre parlait aux hommes. Non, l'humanité n'était pas complètement séparée de Dieu, mais elle était coupée de Sa puissance spirituelle — le Saint-

Esprit, par lequel, uniquement, l'homme peut acquérir une pleine compréhension et connaissance du vrai Dieu.

Au reste, dans **Genèse IV** [4], nous voyons qu'Ève a des pensées vers Dieu.

Genèse IV [4], 1 & 25

« et elle dit : J'ai acquis un homme de par l'Éternel. »

« car, dit-elle, Dieu m'a donné un autre fils à la place d'Abel, que Caïn a tué. »

Genèse III, 19,22–23

v. 23
« Et l'Éternel Dieu le chassa du jardin d'Éden, pour qu'il cultive la terre, d'où il avait été pris. »

Possédé par le péché l'homme n'aurait pas pu habiter la présence de Dieu, dont la substance même sont l'amour et la sainteté. Ainsi prit son commencement une longue séparation qui va se terminer au bout de 6.000 ans (on le croit) lors du Second Avènement du Fils de Dieu.

CLXI

CLXII

Chapitre V
Grands Principes

CLXIV

Table des matières
Chapitre V
Grands Principes

CLXVI

DIEU créa l'Univers et l'Homme comme un édifice construit sur des bases solides et immuables. Un monde sanctifié par son Créateur, et posé sur des fondements qui assurent sa sainteté et sa pérennité. Fondements eux-mêmes posés sur des lois physiques et spirituelles, et sur des principes, pour faire tenir dans le Temps et l'Éternité l'édifice construit par le Grand Créateur.

LE CHAPITRE PRÉSENT aborde certains grands principes de la Création qui régissent la relation du monde créé avec son Créateur :

– Le principe de l'Élection,
– Le principe de l'Alliance,
– Le principe du Mariage,
– Le principe du Repos Sabbatique,
– Le principe de l'Amour,
– Le principe de l'Éternité.

NOUS TROUVONS ces principes dès le récit de la Création et tout au long des Écritures saintes, où ces repères, cette marque très personnelle de Dieu, font constamment surface, se présentent sous différents angles, sous différents aspects, tout en restant, en demeurant la base de la relation de l'Homme avec l'Éternel, et la condition de la sanctification de l'être humain.

I – LE PRINCIPE DE L'ÉLECTION

TOUT COMMENCE par le principe de l'Élection. Dieu choisit, en différentes étapes de leur vie et en différentes circonstances, des individus et leur confie une mission, s'attachant à eux par le lien de l'amour.

Jérémie I, 4–10

Ésaïe VI [6]

Élus !, c'est-à-dire choisis, « appelés » maintenant, avec l'accès au Saint-Esprit de Dieu, avec la potentialité d'être ressuscités comme êtres spirituels et d'entrer dans la famille divine, dans le Royaume de Dieu, pour l'Éternité !

Mais qu'en est-il des autres, et de toutes les générations qui n'ont même jamais connu Christ ? Y a-t-il donc une prédestination dans le salut ?! C'est une question très grave, qui serait même tragique si Dieu n'était pas le Grand Dieu de Justice, de Compassion, d'Amour. Mais non ! s'il y a prédestination pour certains dans le moment de l'appel, elle n'est nullement sur le salut, car tous individuellement auront leur chance de salut, leur époque de salut, au moment opportun, lors d'une Grande Résurrection.

Cette connaissance essentielle, existentielle, est expliquée dans *Histoire des Cieux et de la Terre, Troisième Tome,* chapitre XI, « Le Dernier Grand Jour ».

Élus ?, mais pas encore sauvés. Il faut après, de la loyauté, de la persévérance (la très longue persévérance), l'adhésion aux principes et vertus de base, aux Dix Commandements notamment.

Apocalypse XXII [22], 10-16

« Et il me dit : Ne scelle point les paroles de la prophétie de ce livre. Car le temps est proche. Que celui qui est injuste soit encore injuste, que celui qui est souillé se souille encore ; et que le juste pratique encore la justice, et que celui qui est saint se sanctifie encore.

Voici, je viens bientôt, et ma rétribution est avec moi, pour rendre à chacun selon son œuvre. Je suis l'alpha et l'oméga, le premier et le dernier, le commencement et la fin. Heureux ceux qui lavent leurs robes, afin d'avoir droit à l'arbre de vie, et d'entrer par les portes dans la ville ! Dehors les chiens, les magiciens, les débauchés, les meurtriers, les idolâtres, et quiconque aime et pratique le mensonge ! Moi Jésus, j'ai envoyé mon ange pour vous attester ces choses dans les Églises. Je suis le rejeton et la postérité de David, l'étoile brillante du matin. »

Romains II, 7

« il réserve la vie éternelle à ceux qui, par la persévérance à bien faire, cherchent l'honneur, la gloire et l'immortalité »

Apocalypse III, 10-12

« Parce que tu as gardé la parole de la persévérance en moi, je te garderai aussi à l'heure de la tentation qui va venir sur le monde entier, pour éprouver les habitants de la terre. Je viens bientôt. Retiens ce que tu as, afin que personne ne prenne ta couronne. Celui qui vaincra, je ferai de lui une colonne dans le temple

de mon Dieu, et il n'en sortira plus ;
j'écrirai sur lui le nom de mon Dieu, et le
nom de la ville de mon Dieu, de la
nouvelle Jérusalem qui descend du ciel
d'auprès de mon Dieu, et mon nom
nouveau. »

Apocalypse XIV [14], 12

« C'est ici la persévérance des saints, qui
gardent les commandements de Dieu et
la foi de Jésus. »

Hébreux X [10], 32-38

« Souvenez-vous de ces premiers jours,
où, après avoir été éclairés, vous avez
soutenu un grand combat au milieu des
souffrances, d'une part, exposés comme
en spectacle aux opprobres et aux
afflictions, et de l'autre, vous associant à
ceux dont la position était la même.
En effet, vous avez eu de la compassion
pour les prisonniers, et vous avez accepté
avec joie l'enlèvement de vos biens,
sachant que vous avez des biens
meilleurs et qui durent toujours.
N'abandonnez donc pas votre assurance,
à laquelle est attachée une grande
rémunération. Car vous avez besoin de
persévérance, afin qu'après avoir
accompli la volonté de Dieu, vous

obteniez ce qui vous est promis. Encore un peu, un peu de temps, celui qui doit venir viendra, et il ne tardera pas. Et mon juste vivra par la foi ; mais s'il se retire, mon âme ne prend pas plaisir en lui. »

Luc XII [12], 35–38

« Que vos reins soient ceints, et vos lampes allumées. Et vous, soyez semblables à des hommes qui attendent que leur maître revienne des noces, afin de lui ouvrir dès qu'il arrivera et frappera. Heureux ces serviteurs que le maître, à son arrivée, trouvera veillant ! Je vous le dis en vérité, il se ceindra, les fera mettre à table, et s'approchera pour les servir. Qu'il arrive à la deuxième ou à la troisième veille, heureux ces serviteurs, s'il les trouve veillant ! »

Luc XXI [21], 28

« Quand ces choses commenceront à arriver, redressez-vous et levez vos têtes, parce que votre délivrance approche. »

Élus maintenant ? Les Élus doivent dès à présent participer, suivre, vivre selon le cérémonial du Royaume de Dieu — cérémonial qui se poursuivra même dans l'Éternité.

Ésaïe IX [9], 6

« Donner à l'empire de l'accroissement, Et une paix sans fin au trône de David et à son royaume, L'affermir et le soutenir par le droit et par la justice, Dès maintenant et à toujours : Voilà ce que fera le zèle de l'Éternel des armées. »

Bible Martin 1744

« 6 Il n'y aura point de fin à l'accroissement de l'empire, et à la prospérité sur le trône de David, et sur son règne [...] »

On ne peut pas participer à cet Empire sans en accepter aussi le cérémonial. Dans tout Royaume, et là c'est le Royaume de Dieu, du Roi des Rois — en fait un Empire —, il y a un cérémonial. On ne peut pas participer à cet Empire sans en suivre les règles, ses usages et ses Fêtes. Et les lois de Dieu font partie du Code de cet Empire, notamment les lois concernant les Fêtes divines ou Sabbats annuels qui préfigurent et annoncent le Plan de Salut de Dieu pour l'Homme et pour l'Univers, et qui sont la partie maîtresse du cérémonial de ce Royaume. L'appartenance à ce Royaume, notre lien avec Dieu, passe par l'observance des lois spirituelles du Tout-Puissant.

II – LE PRINCIPE DE L'ALLIANCE

CE LIEN — notre lien avec Dieu — est régi par une Alliance qui est un autre grand principe spirituel. Dans le cadre de l'Élection, c'est une alliance matrimoniale qui unit Dieu et l'élu (les élus) en un seul être, un seul esprit.

Jean XVII [17]

Ce principe trouve son reflet dans le mariage, décrété sur Terre à la création du premier couple. Lien — le mariage — béni par l'Éternel et présent dans toutes les cultures sur notre planète.

III – LE PRINCIPE DU MARIAGE

L'UN de ces grands principes fait partie intégrante de la création même de l'homme et de la femme.

Genèse I, 27

« Dieu créa l'homme à son image, il le créa à l'image de Dieu, il créa l'homme et la femme. »

Genèse II, 18

« L'Éternel Dieu dit : Il n'est pas bon que l'homme soit seul ; je lui ferai une aide semblable à lui. »

Genèse I, 28

« Dieu les bénit, et Dieu leur dit : Soyez féconds, multipliez, remplissez la terre, et assujettissez-la (…) »

Ces versets, presque trop connus, galvaudés par le discours des Églises et par l'usage laïque, presque devenus inintéressants, contiennent le message d'un des grands principes du monde conçu par Dieu : le

Mariage, union bénie par Dieu de deux êtres différents et semblables à la fois qui, par la bénédiction du Tout-Puissant, vont devenir « un », indissoluble et éternel. Examinons ce principe à travers les textes bibliques de façon succincte dans le cadre de brièveté de notre analyse.

L'UNION DU MARIAGE

Le récit de la création de l'homme et de la femme est également le texte où apparaît pour la première fois le grand principe de l'union matrimoniale :

Genèse II, 23–24

« Et l'homme dit : Voici cette fois celle qui est os de mes os et chair de ma chair ! on l'appellera femme, parce qu'elle a été prise de l'homme. C'est pourquoi l'homme quittera son père et sa mère, et s'attachera à sa femme, et ils deviendront une seule chair. »

Une union scellée par la bénédiction de Dieu, que nul et rien ne peuvent dissoudre, une union qui va au-delà de l'être de façon à le faire fusionner avec un autre être, devenir les « êtres » de l'union, et se forger une autre identité dans l'intimité sans limite d'une relation de l'amour et de la communauté de la vie et de l'action. L'homme et la femme ainsi unis forment la toute petite cellule de la société humaine, la condition nécessaire à la constitution de l'Église — future Épouse du Christ, Fils de Dieu.

Jean XVII [17], 22–23

« Je leur ai donné la gloire que tu m'as donnée, afin qu'ils soient un comme nous sommes un, — moi en eux, et toi en moi, — afin qu'ils soient parfaitement un, et que le monde connaisse que tu m'as envoyé et que tu les as aimés comme tu m'as aimé. »

Ainsi, de la création du couple homme-femme à la création de l'union de Dieu avec son Église, se réalise le destin promis, le destin heureux de l'être humain — son éternité avec Dieu. C'est le grand principe de l'Union du mariage.

IV – LE PRINCIPE DU REPOS SABBATIQUE

REVENONS à la lecture du récit de la Création pour y découvrir un autre grand principe dans l'univers spirituel et physique conçu par Dieu.

Genèse II, 3

« Dieu bénit le septième jour, et il le sanctifia, parce qu'en ce jour il se reposa de toute son œuvre qu'il avait créée en la faisant. »

Dieu bénit et sanctifia un moment de l'Éternité, une entité du Temps spécialement mise à part pour une relation privilégiée avec sa Création.

Ce principe du Temps sanctifié peut être décelé dans les lois de Dieu, dans son appel d'amour vers ses enfants, dans le cérémonial de son Royaume — un sceau de Dieu, une marque de son affection et de sa promesse avec ses élus, un repos spirituel qui rapproche la Création de son Créateur, qui la sanctifie et lui permet de s'épanouir — tout comme le principe du mariage.

Repos de l'Homme, repos de la Terre, etc. Dans ce repos le lien de Dieu et de l'élu brise l'hégémonie du Temps et établit l'unité matrimoniale du Créateur et de sa Création, dans l'étendue infinie de l'Éternité.

V – LE PRINCIPE DE L'AMOUR

« Oti ho (ὁ) Théos agapé estin »   ou
« Oti ho (ὁ) Theos agapy estin »,   nous
nous permettons ici une transcription
dans les possibilités du clavier Azerty
ce qui nous amène à présenter nos
excuses auprès des spécialistes du
grec ancien, mais il est presque
impossible de ne pas citer en grec
ancien cette partie de phrase (hélas
galvaudée) de la Première Épître de
Jean, chapitre IV, verset 8 — l'original
sonne comme un poème inspiré.
« Car Dieu est amour », et tout ce que
Dieu fait, ressent, projette, exige,
promet, permet, est AMOUR.

L'amour divin englobe tout —
l'Univers, sa création, son existence,
son passé, son présent, son éternité ;
et ce que Dieu demande c'est aussi
l'amour — l'amour d'un engagement
éternel qui mène à l'Éternité avec
Dieu, à la fusion avec Dieu pour que
l'amour soit le seul et unique
fondement de l'Univers, le gage du

Bonheur sans faille, du Bien sans bémol, d'une Éternité parfaite pour tout ce qui vit par Dieu et pour Dieu... L'amour est le principe des principes, l'essence même d'un Dieu qui aime, qui donne la vie abondante, le mouvement et l'être, pour arriver à l'Éternité de perfection...

VI – LE PRINCIPE DE L'ÉTERNITÉ

Genèse VIII [8], 22

Bible de Jérusalem

« Tant que durera la terre, semailles et moisson, froidure et chaleur, été et hiver, jour et nuit ne cesseront plus. »

L'ÉTERNITÉ est la caractéristique existentielle de Dieu, qui, dans les Écritures saintes, est opposée à l'existence éphémère de l'homme. Cependant, dans sa parole, Dieu montre à l'humanité la voie qui mène à l'Éternité, et cette voie passe par la relation avec Dieu et l'observance de sa loi.

Cette loi aide à établir la relation, à l'affermir, et l'effort conscient de l'homme pour rester en relation avec le Père céleste met le croyant sous la protection de la grâce divine, grâce qui lui offre l'Éternité.

Le calendrier sacré confère aux Fêtes divines la puissance, l'autorité de la loi dans le cadre de l'alliance avec Dieu — le contrat solennel selon lequel se réalise l'union, la vie commune du Tout-Puissant et de ses élus. Le cycle festif suit le courant du temps et des saisons, l'effort des semailles et la joie des fruits récoltés ; logique d'une relation au cours de laquelle la fidélité et l'effort du Semeur céleste se lient avec la loyauté de l'esprit humain qui communie avec cet effort de l'Amour suprême le récompensant abondamment de ses fruits spirituels.

Les Fêtes divines tracent le graphique du chemin vers l'Éternité — déterminées avec précision dans l'organisation temporelle de la société des « appelés, élus et fidèles », elles surmontent le Temps et jettent un pont entre l'espace limité de celui-ci et l'infini de l'Éternité.

Repères symboliques des étapes du Plan de Salut de l'humanité déchue, les Fêtes du cycle festif biblique permettent au peuple de

Dieu de percevoir ce « au-delà du jour présent » rêvé, de goûter le projet ultime de Dieu pour son avenir.

Le Jour saint qui, aussi bien dans les livres de l'Ancienne Alliance que dans ceux du Nouveau Testament, effectue le lien entre le passé, le présent et l'avenir, et ouvre le calendrier sacré, c'est la Pâque.

La première Pâque de la Nouvelle Alliance, célébrée par Jésus et Ses disciples au jour et à l'heure voulus par Dieu, souligne le caractère sacré de la cérémonie solennelle et encore une fois marque une frontière dans le Temps — la frontière entre les jours de la colère et les années de la grâce, la frontière entre le Temps de l'Alliance du mont Sinaï et l'époque de la Nouvelle Alliance. L'opposition de l'ancien et du nouveau est présente dans toute la cérémonie pascale : des symboles nouveaux — le pain et le vin remplaçant l'agneau de la Pâque de l'Ancien Testament, — le lavement des pieds comme symbole de l'humilité et du service. Une

Nouvelle Alliance dans le sang du Fils de Dieu. Le sermon pascal du Christ contient — renouvelé et spiritualisé — le codex de la vie nouvelle sanctifiée par le sacrifice pour le salut de l'humanité. La prière sacerdotale, rapportée dans l'Évangile selon Jean, chapitre XVII, fraye le chemin vers un monde nouveau, le monde de la sainteté, de l'union avec le Très-Haut et avec ses élus au nom de la vérité. Unité qui freine le cours du Temps, surmonte les limites du Temps et offrira en définitive à l'homme mortel l'immortalité, l'étendue infinie de l'Éternité.

Le sacrifice du Christ met des limites au Temps et établit la spiritualité illimitée. Même incons-ciemment, à partir de cette première Pâque de la Nouvelle Alliance, l'humanité compte les années en se rapprochant du salut offert par la grâce. Année après année, elle se souvient du Seigneur crucifié et ressuscité, et transforme le souvenir en chemin du salut. Un chemin jalonné par les repères symboliques

des Jours Saints établis par Dieu, tels
des phares salutaires dans l'océan de
l'Univers, qui aident le vrai voyageur à
parvenir à la sagesse en comptant les
années pendant lesquelles la grâce
lui offre l'unité avec son Dieu.

Psaumes XC [90}, 12

Bible de Jérusalem

« Fais-nous savoir comment compter nos
jours, que nous venions de cœur à la
sagesse ! »

CLXXXIX

CXC

CXCI

**Entre Ciel et Terre
Peinture sur satin**

CXCIII

Des mêmes auteurs :
– Prodanova-Thouvenin, Svétoslava
– Thouvenin, Patrick

Courriel :
lescheminsduvent@wanadoo.fr

Sites Web :
http://svetoslava.prodanova-thouvenin.lady
ofblackwood.com
http://patrick.thouvenin.lairdofblackwood.
com

Chez le même Éditeur :
Books on Demand GmbH,
12/14 rond-point des Champs Élysées,
75008 Paris, France
www.bod.fr

Collection
"Contes et Merveilles"
Poésie en prose, contes

À l'heure enchantée de l'amour
Paris : Books on Demand
Prodanova-Thouvenin, Svétoslava
- 2e édition révisée :
ISBN 978-2-8106-1349-6
Dépôt légal : juillet 2011

Le Ciel des Oiseaux blessés
Paris : Books on Demand
Prodanova-Thouvenin, Svétoslava
- 3e édition révisée :
ISBN 978-2-8106-1342-7
Dépôt légal : août 2011

Contes du Temps
Paris : Books on Demand
Prodanova-Thouvenin, Svétoslava
- 2e édition :
ISBN 978-2-8106-2238-2
Dépôt légal : septembre 2011

Le Continent inexploré
Paris : Books on Demand
Prodanova-Thouvenin, Svétoslava
- 2e édition :
ISBN 978-2-8106-2231-3
Dépôt légal : septembre 2011

Dans un Jardin perdus
Prodanova-Thouvenin de Strinava,
Svétoslava
à paraître

Série
"Ad Astra"
Un roman à suivre, à l'infini...

Ad Astra : Tome 1 : Prologue
Paris : Books on Demand
Prodanova-Thouvenin, Svétoslava
- 2e édition révisée :
ISBN 978-2-8106-2158-3
Dépôt légal : août 2011

Ad Astra : Tome 2 : Le journal d'Orion : Les
Feux de la Saint-Jean
Paris : Books on Demand
Prodanova-Thouvenin de Strinava,
Svétoslava
ISBN 978-2-3220-3943-2
Dépôt légal : août 2015

Ad Astra : Tome 3 : Le rêve d'Astra
Prodanova-Thouvenin de Strinava,
Svétoslava
à paraître

Collection
"Conversations spirituelles"
Essais philosophiques et spirituels

Histoire des Cieux et de la Terre 1
Paris : Books on Demand
Thouvenin de Strinava, Patrick
- 2e édition révisée et augmentée :
ISBN 978-2-8106-2842-1
Dépôt légal : février 2016

La Grande Pyramide, Job & Le Livre
de Job
Thouvenin de Strinava, Patrick
à paraître

Courriel :
lescheminsduvent@wanadoo.fr
Sites Web :
http://svetoslava.prodanova-thouvenin.lady
ofblackwood.com
http://patrick.thouvenin.lairdofblackwood.
com

Fleurs et papillon
Création sur parchemin
(S. Prodanova-Thouvenin de Strinava)

CC

CCI

CCII

CCIV